Nicole Quint

Lesereise Irland

Nicole Quint

Lesereise Irland

Begrabt mich unter dem Pub

Picus Verlag Wien

»Giorraíonn beirt bóthar.«
Für Thomas, der mir den Weg verkürzt.

Klimaneutral
Druckprodukt
ClimatePartner.com/14924-2112-1008

MIX
Papier | Fördert gute Waldnutzung
FSC® C004378
FSC www.fsc.org

Grafische Gestaltung: Dorothea Löcker, Wien
Umschlagabbildung: © Eugen-B / iStockphoto
Druck und Verarbeitung:
EuroPB, s.r.o., Tschechische Republik
ISBN 978-3-7117-1115-1

Informationen über das aktuelle Programm
des Picus Verlags und Veranstaltungen unter
www.picus.at

Inhalt

Vorwort

»Kürzer als die Bibel, aber länger als mein Vorstrafenregister.« Wenn mein alter Nachbar Mícheál eine seiner Geschichten mit diesen Worten einleitet, tut man gut daran, sich schnell eine Sitzgelegenheit zu suchen. Der kleine alte Mann mit der Guinness-geformten Körpermitte bringt mit seinen Erzählungen Krieg und Frieden, Fegefeuer und Feenbäume und gerne auch ein bisschen Klatsch in das Leben seiner Zuhörer. Wann immer ihm die Welt zu schnell wird, drückt Mícheál auf die Stopptaste und rettet uralte Mythen und Legenden ins 21. Jahrhundert. Dann erzählt er von Druiden und Wasserfrauen, von Tír na nÓg, dem Land der ewigen Jugend, und von Noah, der nicht nur von allen Tierarten je ein Paar, sondern auch zwei Portionen *fish and chips* mit auf seine Arche nahm. Welche der alten Damen im Dorf einst das Hippiemädchen war, das mit sechzehn Jahren ausbüxte, um in Gretna Green ihre große Liebe zu heiraten, und welcher Nachbar noch gemeinsam mit Albert Einstein Geige spielte – Mícheál weiß es, so wie er natürlich auch weiß, was sich alle irischen Frauen wünschen: Begrabt mich unter dem *pub*, dann kommt mein Mann mich an jedem Tag der Woche besuchen. Wenn er es einem verrät, funkeln seine grünblauen Augen so hell wie der Ozean bei Sonnenschein.

Seine Storys von früher, vom alten Leben auf

den Inseln vor der Westküste, beendet Mícheál oft mit dem traditionellen Ausspruch: »*Ní bheidh ár leithéidí ann arís.*« – »So etwas wie uns wird es nie wieder geben.« Zurückkommen werden die alten Bräuche und Sitten nicht, aber in Mícheáls Erzählungen die Zeiten überdauern. Mit einigen brachte er mich zum Lachen, andere rührten mich zu Tränen, aber alle veranschaulichen, welche Bedeutung Familie, Freundschaft, Glaube und Aberglaube auch im 21. Jahrhundert noch haben. Stärker als Irlands Landschaften, seine Musiktraditionen oder die Leichtigkeit, mit Menschen in Kontakt zu kommen, binden mich deshalb all die Geschichten an die Grüne Insel, die man sich über sie erzählt.

Die Liebe der Iren für gute Märchen, Sagen und Anekdoten geht zurück auf die Zeit, als der *seanchaí*, ein traditioneller *storyteller*, am Abend in die *cottages* kam, um am Torffeuer mit altem Wissen zu unterhalten, und noch heute schaffen es Geschichten, Gemeinschaft und Geselligkeit zu stiften. Sie sind ein Fenster in die irische Psyche und Seele und offenbaren gemeinsame Überzeugungen, Werte und Weltsichten. Das Fabuliergen liegt allen Iren im Blut. Manche sind bloß geschwätzig, andere aber verstehen es, Spannung aufzubauen. Dann gibt es Action, Dramen und Enthüllungen. Ein bisschen Mythos, drei Prisen Folklore und ein kleiner Witz, mit dem man dem irischen Alltag die rauen Kanten abschleifen kann – fertig ist die gut gefüllte Geschichtenwundertüte, die man sich im *pub*, am Marktstand, während einer Busfahrt oder in der Küche des B&B abholen kann.

So eine Wundertüte habe ich nun auch gepackt, mit eigenen Erlebnissen und Geschichten, die ich auf Fähren und Inseln, an den Rändern der modernen irischen Gesellschaft, in Kirchen, Leuchttürmen und Felsentümpeln für mein Irlandpotpourri gesammelt habe, immer mit W. B. Yeats' feurigem Appell im Herzen: »Lasst uns hinausgehen, ihr Geschichtenerzähler, und jede Beute ergreifen, nach der sich das Herz sehnt, und keine Angst haben. Alles existiert, alles ist wahr, und die Erde ist nur ein wenig Staub unter unseren Füßen.«

Poetry in Motion

Von den Vorzügen einer Fährfahrt

Gewöhnlich lässt man seinen Reiseträumen ja Flügel wachsen, es sei denn, es soll nach Irland gehen. Dann zieht man ihnen lieber Schwimmwesten an und hebt die Anker. Die lichterlohe Vorfreude auf die Grüne Insel lässt sich nämlich nur dadurch noch steigern, dass man mit einem Fährschiff anreist. Will man bloß irgendwie ankommen, kann man sich auch schnell verfrachten, in die Economy Class einpferchen und fliegend verschleppen lassen. Will man aber reisen und dem Moment entgegensehnen, in dem sich die verwischten Konturen der irischen Küste langsam durch einen Schleier aus Gischt, Regen und Nebel abzeichnen, muss man ein Schiff besteigen. Fährfahrten und Flugreisen sind eben so verschieden wie Liebe und Liebesfilm. Wie passend, dass die Reederei Irish Ferries ihr jüngstes Flottenmitglied auf den Namen von Irlands Nationaldichter getauft hat – William Butler Yeats. Ein Sehnsüchtiger, ein Romantiker und spleeniger Schwärmer, der nun posthum zum Transporteur von Reiseträumen geworden ist und den hundertfünfundneunzig Meter langen Schiffskoloss so in eine Fee aus Stahl verwandelt hat. Zur Wunscherfüllung hat die »W. B. Yeats« gut achtzehn Stunden Zeit, so lange dauert die Überfahrt vom französischen Cherbourg nach Dublin.

Wenn das kleine Lotsenboot die »W. B. Yeats« aus dem Hafen geleitet, vorbei an den langen festungsbewehrten Außenmolen, versammeln sich alle zum Abschiednehmen auf dem Promenadendeck. Hat das Schiff aber die offene See erreicht, lassen sich nur noch wenige Passagiere von aufrührerischen Böen umherschubsen und die Wangen windrosa färben. Allein die Sehnsüchtigen, Staunenden und Schweigsamen bleiben an der Reling zurück, wo viel Platz für Tagträume und kleine Meeresandachten ist. In Seeluft baden, sich von kräuselnden Wellen hypnotisieren lassen, auf das Unbekannte schauen, das hinter dem silbrig glimmernden Horizontfaden liegt, und seine trüben Gedanken als Treibgut davonschicken. Vergessen sind dann die lärmenden Nachbarn daheim, das mürrische Gesicht des Vorgesetzten und sogar die Steuernachzahlung. Weit weg von allen Zumutungen des Alltags wäre jetzt der richtige Zeitpunkt, um ein Mundorgellied wie »Wir wollten mal auf Großfahrt gehen« zu singen oder den englischen Kinderklassiker *We're going this way, that way, forwards backwards, over the deep blue sea. A bottle of rum to fill my tum and that's the life for me*. Manch einer testet seine Wind- und Wetterfestigkeit an Deck allerdings nur deshalb so ausdauernd, weil es ihm beim Ringen um seinen Mageninhalt hilft, die Nase in den Wind zu halten und einen Punkt am Horizont zu fixieren. Dabei hat Irish Ferries der Innenarchitektin Helen Kilmartin in vorausschauender

Weise extra zur Bedingung gemacht, bei der Auswahl von Möbeln und Materialien für die »W.B. Yeats« auf bestimmte Grüntöne zu verzichten, von denen man aus der Farbpsychologie weiß, dass sie zuverlässig Unwohlsein auslösen. Noch wirksamer als diese Vorsichtsmaßnahme dürfte jedoch eine alte Seemannsweisheit sein: Immer nur Dinge essen, die rauf nicht viel schlechter schmecken als runter, *scones* zum Beispiel oder *soda bread*. So präpariert ließe sich Irland sogar im Sturm erobern, begleitet von galoppierenden Wellen, denen der Wind durch die weißen Schaummähnen fegt. *Capaill bhána*, weiße Pferde, haben die alten Iren sie genannt. Ebenso poetisch wie diese Meeresrösser sind die Zitate von W.B. Yeats, die an vielen Wänden im Inneren der Fähre zu lesen sind. »*And I shall have some Peace there, for Peace comes dropping slow*«, dürfen die Gäste der Innisfree Club Class Lounge als ermunternde Aussicht auf den inneren Frieden verstehen, den sie nach achtzehn Stunden Fahrt erlangt haben könnten, wenn sie denn endlich einmal ihre Mobiltelefone ausschalten würden. Auf dem Weg zur Maud-Gonne-Bar, benannt nach Yeats' großer Liebe, bittet der Dichter »*Tread softly because you tread on my dreams*«. Sanft treten? Wir geben uns Mühe, lieber Mr Yeats, aber bei der herausfordernden Kombination aus Wellengang und Guinness geraten sämtliche Wege auf der Fähre zu Trainingsstrecken für den breitbeinigen Matrosengang. Ihren Träumen werden einige blaue Flecken deshalb nicht erspart bleiben, aber Sie kennen sich ja aus auf hoher See, wir nehmen Sie beim Wort. »*I have sailed the seas!*«, steht jedenfalls in großen Lettern neben der Rezeption geschrieben. Durchaus glaubwürdig, denn Yeats' Familie mütterlicherseits war dick im Reedereibusiness aktiv und hätte gewusst, dass Poesie auf Wellen nicht ohne die richtige Propellerdimensionierung auskommt. Heute birgt die »Yeats« im Inneren ein hochkomplexes Ingenieurswerk aus modernsten Sicherheits-, Befehls- und Kontrollsystemen, doch nicht einmal die Schiffsevakuierungs- und Rettungsausrüstungen wecken bei den Passagieren gesteigertes Interesse. Die Schiffsunglücke, die sich in der Irischen See ereigneten, liegen zu lange zurück, als dass Mütter heute noch Rettungsboote zählen oder nach Schwimmwesten für ihre Kinder fragen würden. Entspannt sitzen irische Großfamilien, französische und deutsche Urlauber gemeinsam mit osteuropäischen Lastwagenfahrern am Abend vor den großen Panoramafenstern der Bar. Die Musik kommt zum Glück nicht aus der Steckdose. Sie ist handgemacht, und der Mann mit Gitarre hat vor allem irische Evergreens, amerikanische Country- und Folkmusic im Repertoire. Füße klopfen den Takt mit, Köpfe und Oberkörper wippen sacht, und als Van Morrisons »Brown Eyed Girl« erklingt, lassen einige Gäste sogar Bier und *bar food* stehen, um mitzusingen, während vor den Fenstern die Sonne untergeht und einen violetten Schleier hinter sich herzieht. Auch später in der Kabine ist die gerahmte Welt vor dem Fenster das erste und einzige Programm, mehr braucht es nicht. Der Fernseher bleibt aus. Mondlicht legt einen strahlend weißen

Pfad auf den Wellen aus und ein Schwarm aufgescheuchter Möwen schwirrt als perlmuttfarbener Schimmer an der Scheibe vorbei. Der Fensterrahmen hält die Szene für einen Augenblick fest und macht sie zu einem Bild von Tausenden, die während dieser Reise noch entstehen werden.

Am nächsten Morgen verheißen die beiden rot-weiß gestreiften Schornsteine des stillgelegten Pigeon-House-Kraftwerks die baldige Ankunft. Längst zu Wahrzeichen der Stadt geworden, markieren die über zweihundert Meter hohen Schlote das industrielle Dublin mit seinen Werften, Frachtschiffen, Kränen und Containerhallen. Ausgehend von den Hafenanlagen ragt einer der längsten Seewälle Europas, der Great South Wall, rund zwei Kilometer in die Dublin Bay hinaus. Aus der Ferne kann man an seiner Spitze schon den Poolbeg-Leuchtturm erkennen, ein kleines signalrotes Ausrufezeichen, das den Endpunkt der Reise verkündet. Angekommen!

Experten der Straße

Zu wahr, um schön zu sein?

*Die Iren haben relativ wenig Illusionen
über ihr Land, aber sie lieben es trotzdem.*
FINTAN O'TOOLE

»*The duty of the day is to get through the day*«, erklärt Shane. Niemand von uns nickt, denn Shane meint keinen dieser Tage, den man schon beim Aufstehen gerne hinter sich hätte, samt der verflixten Matheprüfung, dem Vorstellungsgespräch oder der Wurzelbehandlung. Mit solchen Tagen haben wir alle schon Bekanntschaft gemacht. Shane spricht davon, dass er morgens nicht wusste, ob er am Abend wieder ein Bett haben würde, wo er Schutz vor Regen und Kälte finden könnte und wie lange er für sein Essen würde anstehen müssen. Sieben Jahre hat er auf Dublins Straßen gelebt und sich irgendwie durch den Tag gebracht, bis er nicht mehr darauf hoffte, jemals wieder einen Weg zurück in ein normales Leben zu finden. Heute lautet die Aufgabe seines Tages, uns durch Smithfield, sein altes Viertel, zu führen. Keiner kennt sich hier besser aus als er. Als echter Experte für urbanes Elend arbeitet Shane als Stadtführer für den gemeinnützigen Verein Secret Street Tours und zeigt uns auch Orte, die nicht im Reiseführer stehen. Shanes Smithfield ist nicht das der alten Jameson Whisky Distillery, der hippen Cafés, Hotels und Wellness-Salons, sondern das der Notschlafunterkünfte, der Beratungsstellen und der Suppenküchen, und genau dorthin führt er seine Gäste. Wir folgen, steif und förmlich wie ein Leichenzug. Ist das in Ordnung, was wir hier machen? Werden wir hier nicht zu Voyeuren in einer Schlüssellochshow? Komm Schatz, wir gehen Armut gucken, hat heute Morgen bestimmt keiner von uns gesagt, doch das Unbehagen am eigenen Handeln bleibt. Betretenes Schweigen, betroffene Blicke, doch Shane hat ein gutes Gespür für seine Gegenüber. Er begegnet unseren Bedenken mit einer eindrucksvollen Offenheit, die hilft, Berührungsängste abzubauen: »Mein Mietvertrag lief aus«, erzählt er. »Verlängert wurde er nicht, weil die Nichte meines Vermieters in Dublin studieren wollte und eine Wohnung brauchte.« Shane fand keine neue Bleibe. Seinen ganzen Besitz brachte er in einem Lagerhaus unter und ließ sich umgehend auf dem Amt als wohnungslos registrieren, sonst hätte er keinen Anspruch auf Unterstützung gehabt. Sein Freund Derek, der ebenfalls als Stadtführer bei Secret Street Tours arbeitet, konnte sich nicht sofort dazu durchringen, andere Menschen um Hilfe zu bitten. Nachdem er aus seinem Haus rausmusste, fuhr er mit gepackten Koffern zum Dubliner Flughafen. Unter den misstrauischen Augen der Sicherheitsleute spielte er drei Wochen lang die Rolle des Passagiers, der immer wieder sein Flugzeug verpasst hat. Seine Tagesaufgabe lautete, in der Menge der Reisenden unterzugehen und auf diese Weise unsichtbar zu werden. Jetzt kommen die Reisenden zu ihnen. Die meisten Teilnehmer von Shanes heutiger Stadtführung sind Touristen, einige andere studieren hier, nur einer ist selbst Dubliner und wohnt in einem der eleganteren Viertel auf der Südseite der Liffey, wo man über die vulgäre North Side die Nase rümpft und sie ansonsten ignoriert. Auch er ist also nur zu Besuch in Smithfield.

In den sechziger Jahren war der Stadtteil so abgewirtschaftet, dass er im Film »Der Spion, der aus der Kälte kam« das Nachkriegsberlin doubeln durfte. Saniert und aufgehübscht wurde hier erst während des Booms der *Celtic-Tiger*-Jahre, als viele schicke Wohn- und Geschäftshäuser am Smithfield Square entstanden. Die Dubliner Version der Piazza Navona in Rom sollte auf dem Platz entstehen. Ein gewagtes Vorhaben. Irlands Hauptstadt ist grau. Würde sie abends ausgehen, würde sie das kleine Graue zur backsteinroten Handtasche wählen. Durchaus ansehnlich, aber keine Sophia Loren. Wir stehen im Nieselregen unter den hohen, von markanten Metallsegeln geschmückten Laternenmasten und bilanzieren, dass die Vorstellung der Stadtplaner von italienischem Flair sich in ein paar Restaurants und Bars erschöpft. Das Temperamentvollste war wohl der traditionelle Pferdemarkt, der allsonntäglich abgehalten wurde, bevor Dublins Imagepfleger ihn von hier verdrängten. So entstand ein Viertel wie aus dem Versandhauskatalog, bei dem wichtige Teile nicht mitgeliefert wurden – Räume für Kultur und Begegnungen.

Wie in ganz Dublin kennen die Miet- und Kaufpreise aber selbst im tristen Smithfield seit mehreren Jahren nur einen Weg – den nach oben. Eine massive Gentrifizierung ist die Folge. Alteingesessene Bewohner werden durch wohlhabendere Bevölkerungsschichten verdrängt. Popsänger Rod Stewart leistete sich für ein paar Milliönchen ein Apartment in einer Dubliner Luxussiedlung, zu der auch private Kinos, Speisesäle und Wellness-Center gehören. Während er sich nach der Sauna unter der Schneedusche von rieselnden Flocken abkühlen lassen kann, geraten immer mehr Dubliner auf dem Glatteis des irischen Turbokapitalismus ins Schlingern und erleben, wie ihre alten, sicher geglaubten Strukturen einstürzen. Menschen wie Shane, der in seiner ersten Nacht als Obdachloser im Männerschlafsaal der Notunterkunft kein Auge zugetan hat. In die St. Bricin's Barracks, eine ungenutzte Armeekaserne, hatten sie ihn gebracht. »An Schlaf war nicht zu denken, irgendwo wird immer gehustet, gestritten und geschnarcht. Dein Geld ist nicht sicher, und du selbst bist es auch nicht.« Seine Stimme bleibt fest, aber ein dichtes Flechtwerk an Falten legt sich an diesem Punkt seines Berichts über Shanes Gesicht. Vier Kategorien umfasst sein persönliches Klassifizierungssystem der Dubliner Notunterkünfte – die anständigen, die schlechten, die schrecklichen und »*the last stop*«. Das Oak House ist so eine Endstation. Dabei klingt *long-term accommodation* doch gut, ein Dauerwohnheim, das einem die Sorge nimmt, jeden Tag aufs Neue nach einem Asyl suchen zu müssen. Doch nur bestimmte Personen erfüllen die Kriterien, um in einer Langzeitunterkunft aufgenommen zu werden. »Menschen, die vor Suizid geschützt werden sollen oder davor, wieder straffällig zu werden. Menschen, die aufgrund ihres fortgeschrittenen Alters, einer schweren Erkrankung oder einer Drogensucht besondere Hilfe benötigen.« Shane spricht leiser, als wir den roten Ziegelbau erreichen. Ein Mann wartet vor der Tür und wendet unserer Gruppe abrupt den Rücken zu. Da ist es wieder, das Gefühl, durch einen Sozialzoo geführt zu werden und Menschen durch unsere Neugier zu beschämen. Wurden Obdachlose wirklich so weit aus unserer Gesellschaft gedrängt, dass wir jetzt zu ihnen geführt werden müssen? Wären wir nicht alle zu Routiniers des Wegschauens und der Achtlosigkeit geworden, bräuchte es die Secret Street Tours nicht, aber der Anblick von Armut hat sich abgenutzt. Ich hätte mich jedenfalls nicht spontan zu Shane auf den blanken Beton gesetzt, um ihn zu fragen, wie das denn so ist, das Leben auf der Straße. Das zeigt er uns nun in seinem »Schlafzimmer«, dem Croppies Acre, einer Parkanlage ganz in der Nähe des Oak House, wo er sein Nachtlager unter einem der Bäume aufschlug, um nicht in die Endstation zu müssen. »Als ich hier schlief, wusste ich nichts von der Rebellion 1798. Da hatte ich genug mit meiner eigenen Rebellion zu tun.« Inzwischen kann er uns als Stadtführungsprofi erzählen, dass Croppies Acre eine Gedenk- und Grabstätte ist, die an die Opfer des Aufruhrs gegen die britischen Besatzer erinnern soll. Die Aufständischen, wegen ihrer kurz geschorenen Haare *Croppies* genannt, wurden angeblich hier hingerichtet und in einem Massengrab verscharrt. Shane verbindet in seiner Erzählung die Historie Dublins geschickt mit der Geschichte seines Lebens und offenbart so die zwei Ebenen, auf denen alle Reiseziele funktionieren – in der Fantasie der Touristen und in der Realität der Einwohner. Die einen sehen das Rot der Backsteinhäuser, die unglaubliche Bläue der Irischen See und den Glanz, den das britische Empire als architektonisches Erbe hinterlassen hat. Die anderen deponieren ihre Betten aus Pappe tagsüber unter Sträuchern, haben ihre letzte Habe in Plastiktüten gestopft und warten in Hauseingängen auf das Vorübergehen des Tages.

Nach der Finanz- und Wirtschaftskrise 2008 waren Szenarien der Verwahrlosung und des Absturzes auch mitten im Zentrum von Dublin nicht mehr zu übersehen. Echte Not befleckte plötzlich das Bild von der modernen Metropole, und wir, die Touristen, sind ein Teil dieses Problems. Sechsunddreißigtausend Wohnungen stehen in Dublin leer, darin eingeschlossen Ferienunterkünfte. Allein die mehr als viertausend Airbnb-Apartments würden genügen, um die meisten Obdachlosen der Stadt unterzubringen. Viele Vermieter ziehen jedoch gut zahlende Urlaubsgäste vor. Angenehm für uns, für wohnungslose Menschen eine Katastrophe. Im November 2021 hatten viertausendzweihundertzwanzig Erwachsene in Dublin kein eigenes Zuhause, darunter tausendachthundertvierundsechzig Kinder. Von der Statistik nicht erfasst werden all die

Menschen, die bei Freunden auf dem Sofa schlafen und die Tausenden, die in Behausungen mit undichten Dächern, feuchten Wänden und verrotteten Fenstern ausharren, weil sie keinen bezahlbaren Wohnraum finden. Diese »versteckten Obdachlosen« werden erst sichtbar, wenn das Capuchin Day Centre in Smithfield im Dezember ankündigt, zu Weihnachten wieder Essensgutscheine zu verteilen, und die Schlange der Bedürftigen daraufhin so lang wird, dass die *Irish Times* einen Fotografen nach Smithfield schickt, um den erschreckenden Andrang zu dokumentieren. Als Shane noch täglich sein Essen in der Hilfseinrichtung der Kapuziner abholte, war er einer von rund fünfhundert Bedürftigen. Mittlerweile geben sie hier achthundert Mahlzeiten am Tag aus, und solange die Politik weiterhin auf eine Finanzindustrie setzt, die Kapitalismusexzessen frönt, wird die Armut wachsen. Schon jetzt gehört Irland zu den Ländern mit den höchsten Lebenshaltungskosten in Europa. Was profitabel ist, wissen Menschen meist sehr genau, was gut für sie ist, leider nicht immer. Statt günstigen Wohnraum zu schaffen, müssen mittlerweile auch immer mehr Kulturstätten für den Bau neuer Hotels weichen. In Smithfield sollte jetzt sogar »The Cobblestone« geopfert werden, jener legendäre *pub*, der den Tod von Margaret Thatcher mit einer rauschenden Party feierte. Unter all den Dubliner Kneipen und Bars, die eher Durchgangsstationen für Alkoholkonsumenten als gemütliche Ersatzwohnzimmer sind, stellt The Cobblestone eine echte Besonderheit dar, eine Ikone in einer sich rasant wandelnden Stadt. Kein musealer viktorianischer Trinkpalast, sondern eine Kneipe mit rohem und improvisiertem Ambiente, die seit 1988 von Tom Mulligan geführt wird. Nicht Guinness, sondern handgemachte Musik ist die Gravitationskraft, die in dieses *pub* zieht. An sieben Abenden in der Woche spielen hier *fiddle, tin whistle* und *uilleann pipe* die Hauptrolle. Im Zuge der Stadtteilsanierung sollte anstelle des *pubs* ein neunstöckiges Hotel entstehen, damit das Fließband der touristischen Produktion auch in Smithfield schneller laufen kann. Dieses Mal aber waren die Proteste von Anwohnern, Aktivisten und Kulturverbänden wirkungsvoll. Zunächst verweigerte der Stadtrat die Genehmigung für das Projekt, dann verzichtete der Bauträger nicht nur auf eine Berufung gegen diesen Entscheid, sondern zog den Antrag für die Errichtung des Hotels sogar komplett zurück. The Cobblestone wird also nicht zu einer Art Hotelbar verkommen. Fürs Erste kann gefeiert werden. Allerdings ist bislang unklar, ob der Investor nicht einfach mit veränderten Plänen einen neuen Anlauf nehmen wird. Smithfield riskiert weiterhin den Verlust einer seiner wenigen Besonderheiten, und Dublin droht das Dasein einer von Kommerz kontaminierten Allerweltsattraktion.

Wie kann Irlands Hauptstadt, diese nicht ganz so feine Dame im kleinen Grauen, ein lebenswerter Ort für alle bleiben? Mit viel Farbe, Mitmenschlichkeit und Gemeinsinn, findet das Künstlerkollektiv Subset. Mit seinen Arbeiten macht es die Dubliner auf gesellschaftliche Missstände aufmerksam und ruft zu solidarischem Handeln auf. Shane führt uns in der Burgess Lane zu einem ihrer Streetart-Werke – ein fotorealistisches Bild eines bärtigen Mannes im Großformat. Ein Zweifler, ein Melancholiker, ein gebrochener Held. Alles Gewesene klingt in diesem Gesicht nach, und viel Gutes kann das nicht gewesen sein. Mit ernstem Blick hält er uns fest. Wegschauen ist unmöglich. Es ist ein Selbstporträt des Straßenkünstlers Deguze. Drogensucht, Kriminalität, psychische Probleme und Gefängnis waren sein Leben, bis die Kampfsportart Jiu-Jitsu und die Kunst ihm auf einen neuen Weg geholfen haben. Deguze ist ein Mann der zweiten Chance, so wie auch Shane einer ist, und beide helfen sie uns dabei, die Stadt mit neuen Augen zu sehen.

»Und was macht ihr so mit eurem Leben?«, fragt Shane, weil er gern wissen möchte, wem er gerade so viel von sich anvertraut hat, und – Achtung, Pathos – im Vergleich zu der Kraft, die er aufgebracht hat, um wieder in Würde zu leben, nehmen sich unsere Leistungen ziemlich bescheiden aus.

Heilige Emanzipation

St. Patrick bekommt Konkurrenz

Ich bin umringt von großen grünen Australiern. Jason und seine Freunde sind extra von Down Under nach Dublin gereist, um ihren nicht ganz peinlichkeitsfreien Beitrag zur allgemeinen Entfesselung am St. Patrick's Day zu leisten. Vollkommen erhaben über die zweifelhafte ästhetische Wirkung ihrer grasgrünen Zipfelmützen gehen die vier Kobold-Klone auf Schlingerkurs durch die *pubs* der Stadt. Gerade konkurrieren sie mit einigen dicken Amerikanern darum, wer die beste »Riverdance«-Einlage hinlegt. Ihre Darbietung gleicht einem Mix aus Kickboxen, Flamenco und Bauchtanz. Mit von allen guten Geistern verlassenen Gesichtern filmt eine Gruppe Japaner das Geschehen. Zur Tarnung tragen auch sie das heute obligatorische Grün in Form wagenradgroßer Sombreros und auf die Wangen gemalter Kleeblätter. Alles zu Ehren des heiligen Patricks. Der sei ein richtig feiner Kerl, findet einer der Guinness-gestärkten Amerikaner. »Ich habe ihn erst letzte Woche getroffen.« Lästigen Bildungsballast hat er offensichtlich nicht erst kürzlich über Bord geworfen. Anders als Mallorcatouristen gelten Irlandreisende ja als ausnehmend intellektuell. Heute wird man in Dublin aber eher nicht auf ein Studienratspublikum treffen. So wie Bergsteiger Gipfeln, Surfer Wellen und Kunstliebhaber Kunst hinterherfahren, packen Menschen, die sich gerne zu alkoholisierten Klumpen zusammenrotten, ihre Koffer, wenn die Kompassnadel des Partyglücks am 17. März nach Dublin zeigt.

Viele Dubliner bleiben genervt von so viel entgrenzter Fröhlichkeit daheim, können aber gönnen. St. Patrick's Day sei schließlich für all die armen Wichte, die nicht wissen, wie man so ausgelassen feiert, wie die Iren es das ganze Jahr über tun. Ist das ein Grund, den Sinn des Festes im Nonsens zu entsorgen? Falsche Frage. Als Rheinländerin ist mir das öffentliche Saufen mit dem Segen der Kirche aus dem Karneval bekannt. Im Sprühregen auf der Straße stehen, eine quietschbunte Parade vorbeiziehen und mir Blaskapellmusik aufs Trommelfell prasseln zu lassen, ist meine Sache jedoch auch in Dublin nicht. Zwar macht Irlands Hauptstadt das größte Fass auf, aber auch im Rest des Landes begeht man den Nationalfeiertag. Die Zeiten, als man sich nur ein frisch gepflücktes Kleeblatt ans Revers heftete und in die Messe ging, um »Hail Glorious St. Patrick« zu schmettern, sind auch hier vorbei. Trotzdem feiert man in ländlichen Gegenden noch rustikaler, mit handgemachter Musik, Pferderennen, einem Match in Gaelic Football und einer kleinen Parade, bei der gerne auch mal grün gefärbte Schafe hinter alten Traktoren und Kleintransportern herlaufen. Den Titel der kleinsten St. Patrick's Parade der Welt nimmt Cape Clear für sich in Anspruch. Landesweite Aufmerksamkeit errang die Insel vor der Südwestküste allerdings erst, als ihre

Einwohner im Jahr 2019 entschieden, dass Izzi, der Begleithund des blinden Ziegenfarmers Ed Harper, ihre Parade von rund sechzig Leuten und einer Ziege anführen sollte. Izzi war auch im neuen Job ein Profi. Dagegen ging in Dromore West im County Sligo vor einigen Jahren der bischofsstabschwingende Auftritt von Farmer Henry Judge als Darsteller des heiligen Patricks beinahe im Lärm seines Gefolges unter. Mehrere Wagen der Feuerwehr, der Seenotrettung, des Zivilschutzes und der Notfallambulanz, wirklich alles, was mit Sirenen bewaffnet ist, fuhr dem tapferen und anschließend vielleicht auch tauben Henry hinterher. »Letztes Jahr war's auch nicht besser«, fand die Frau, die sich das betrübliche Spektakel neben mir angesehen hatte. Dennoch wird sie sich im nächsten Jahr wieder an den Straßenrand stellen und ihren Bekannten zuwinken. Sie darf allerdings auf bessere Zeiten hoffen.

2023 wird das Betriebssystem der irischen Kultur nämlich neu gestartet, und zwar mit einem brandneuen Nationalfeiertag, der erste, der nach einer Frau benannt wurde. St. Brigid's Day wird künftig an jedem ersten Montag im Februar begangen und wurde von der Regierung ins Leben gerufen, um der Opfer der Coronapandemie zu gedenken und die großen Anstrengungen der Iren während dieser Zeit zu würdigen.

Warum die Namenspatronin unzähliger Brigids, Brides, Bredas oder Bridges erst jetzt auf die große Festtagsbühne geholt wird, ist im direkten Heiligenvergleich schwer zu verstehen. Patricks Idee, den Iren die Dreifaltigkeit anhand eines Kleeblatts zu erklären, war pfiffig, aber Schlangen, die er samt und sonders vertrieben haben soll, gab es auf der Insel schon seit der Eiszeit nicht mehr. Patrick ein Prahler? Zu seinen Gunsten lesen wir die Kriechtieranekdote einfach als Metapher für die Rettung vor Gefahr. Sein größtes Manko lässt sich dennoch nicht beschönigen: Irlands bedeutendster Nationalheiliger war Brite, ausgerechnet. Die waschechte Irin Brigid, geboren um 450 nach Christus in der Nähe von Dundalk, war vielleicht auch deshalb populärer als ihr eingewanderter Glaubensbruder Patrick, mit dem sie um die kirchliche Führung Irlands konkurrierte.

Frühe Hagiografien liefern leider keine hieb- und stichfesten historischen Belege, aber eine Fülle amüsanter Histörchen zu Brigids Leben. Selbst am hohen Standard für Heilige gemessen war sie bereits als Kind außergewöhnlich nächstenliebend, bescheiden und selbstlos. Mit sechzehn Jahren zur Nonne und angeblich auch gleichzeitig zur Bischöfin geweiht, gründete Brigid in Kildare Irlands erstes gemischtgeschlechtliches Kloster, heilte Aussätzige und schlug Banditen in die Flucht. Einen sterbenden Heiden brachte sie dazu, sich taufen zu lassen, indem sie ein Kreuz aus Schilf geflochten und daran die Bedeutung von Jesus Tod für die Menschheit erklärt hatte. So ein St. Brigid's Cross hängt zum Schutz vor Gefahren noch heute in vielen irischen Häusern. Die vergnüglichste Episode aus ihrer Heiligenvita erzählt davon, wie Brigid während einer von Patricks ausufernd langen Predigten einfach einnickte. Nach dem Aufwachen enthüllte sie, gerade direkt von Gott eine Vision erhalten zu haben. Ein unmissverständlicher Hinweis, dass diese Frau keine Vermittlung durch offizielle Priester benötigte.

Als wundertätige Äbtissin übte Brigid im fünften und sechsten Jahrhundert mehr Macht in der katholischen Kirche aus als jede andere Frau zuvor und danach. Ihr Kloster in Kildare blieb während des gesamten Mittelalters eines der bedeutendsten christlichen Zentren. Eigentlich hätte sie Irlands wichtigste Schutzheilige werden müssen. Patrick hatte ihr nur eines voraus – ein Y-Chromosom. Konservative Kleriker behaupteten zunächst, Brigids Weihe zur Bischöfin sei das Versehen eines betrunkenen Geistlichen gewesen, und gingen dann dazu über, ihre Existenz grundsätzlich infrage zu stellen, um Patricks stärkste Konkurrentin loszuwerden. Die christliche Heilige sei lediglich das Resultat der Umwandlung einer heidnischen Göttin gleichen Namens. Brigids Sterbedatum, das irgendwann zwischen 523 und 526 nach Christus liegt, aber ganz sicher auf den 1. Februar gefallen sein soll, scheint dieses Argument zu bestätigen, ist es doch der Tag des uralten heidnischen Frühlingsfests *Imbolc*, und das ist keiner anderen gewidmet als der keltischen Fruchtbarkeitsgöttin Brigid. Alte Gewohnheiten beibehalten und eine Kultur unverändert lassen, indem man Menschen an denselben Tagen des Jahres feiern ließ, wie sie es immer getan haben, war eine kluge Taktik zur möglichst konfliktfreien Missionierung. Dass heidnischen Bräuchen christliche Hüllen übergestülpt wurden, beweist jedoch nicht, dass es die heilige Brigid nicht gab. Die Geschichte des Mädchens, das in einem extrem patriarchalischen Land zu einer unabhängigen und einflussreichen Frau aufsteigen konnte, verschmilzt, wie es sich für eine gut gestrickte Legende gehört, mit dem alten Glauben an eine Göttin und verschafft sich so einen sicheren Weg in die Aufmerksamkeit der Welt.

Möglich oder nicht? Wahrscheinlich oder unwahrscheinlich? Unwichtig! Irland wäre auch ohne St. Brigid und St. Patrick denkbar, nicht aber ohne all die Heiligengeschichten, die den Stoff der irischen Identität würzen wie Salz den Wind. Brigid ist das Bindeglied zwischen Kelten und Christen, Göttern und Heiligen und sogar zwischen der Republik und Nordirland, wo sie sich mit Patrick und dem dritten irischen Schutzheiligen Colmcille eine gemeinsame Grabstätte teilt. Im Namen dieser Frau darf gewiss groß gefeiert werden. Wer auf gesittetere Veranstaltungen als am St. Patrick's Day hofft, sei jedoch gewarnt. Eine der vielen wundersamen Fähigkeiten der Heiligen wird sich garantiert in Windeseile herumsprechen: Brigid konnte Wasser zu Bier verwandeln.

Gut gedüngte Geschichte

Wo Nostalgie und Azaleen blühen

In einem Garten ging das Paradies verloren, in einem Garten wird es wiedergefunden.

BLAISE PASCAL

Ein sanfter Wind streichelt über makellosen Rasen, bonbonfarbene Pfingstrosen und duftige Hortensienbüsche. Schmetterlinge schaukeln in der Nachmittagssonne. Durchs Geäst der Bäume hüpft die heilige ornithologische Dreifaltigkeit – Amsel, Elster und Rotkehlchen – und hinter hohen Eibenhecken lugt ein kleines Blockhaus hervor. Umblüht, besummt und umzwitschert ist es, das Zuhause von Jill und John, zwei der vielen gärtnerischen Genies, für die Irland so gerühmt wird, aber keine, die Preise für ihr blühendes Kunstwerk einheimsen wollen oder sich stolz für den neuesten Band der Buchreihe »Hidden Garden Gems« fotografieren lassen. Ohne meine Bekanntschaft zu Jills bester Freundin Judy wäre mir der Zutritt zu ihrem hinreißenden Pflanzenreich auch verwehrt geblieben. Das scheue Paar hält seinen Garten lieber geheim. Weil ich aber auf Judys Farm arbeite, darf ich ihnen den Mist unserer Ziegen als Dünger liefern. Möglich, dass mein botanisches Analphabetentum

Jill und John enttäuscht. Fachsimpeln über hortikulturelle Trends können sie nicht mit mir, aber meine Bewunderung für einen Busch voller laternenförmiger Blüten, die ihre kirschroten Strahlen durch die Luft schicken, verlängert mein Aufenthaltsrecht. Ich erhalte sogar eine kleine Führung und die sonst so stille Jill beginnt zu erzählen. Von dem Vergnügen, Hunderte Narzissen zu pflanzen und eigene Samen zu ziehen und auch davon, dass die ersten Knospen, die sich durch die Zweige ihrer Bäume drücken, immer noch ein Ereignis für sie sind, jedes Jahr aufs Neue. Jill ist mit Begeisterung dabei, wenn die Sprossen sich langsam zu blassen Blättchen aufrollen und einen zarten Schleier bilden, noch nicht dicht genug, um die Zweige unter ihrem Grün zu verstecken. Die Aufmerksamkeit, mit der ich kleinen Naturwundern begegne, reicht im Alltag für kaum mehr als flüchtige Bewunderung, unter Jills Blauregenpergola aber kann ich lange Blütenandachten halten und wortlos den Aufruhr von Rot-, Gelb- und Purpurtönen in ihrer explodierenden Wildblumenwiese anstaunen.

Seit meinem Besuch bei Jill und John muss ich noch immer nicht jeden Exoten beim Namen nennen können, aber ich schaue den Meistern der Heckenscheren, Schubkarren und Schneckenfallen nun mit verändertem Blick in die Beete. Mich überwältigen nicht allein Wälder voller Farn und Lilien, puddinggelbe Rosen und wippende Hasenglöckchen, sondern auch die hingebungsvolle Arbeit, mit der Menschen in ihren Zweigstellen des Paradieses wirken. Unendlich oft kann man auf die Insel reisen und entdeckt jedes Mal mindestens einen neuen Garten der Kategorie »unvergesslich«.

Generationen von leidenschaftlichen Gärtnern, Rosenzüchtern und Baumschulbesitzern haben Irland aber noch mehr als ihre blühenden Schöpfungen hinterlassen. In vielen Gärten und Parks wurde nämlich nicht nur gepflanzt, gegossen und gejätet, sondern auch Geschichte gespeichert. Geschichten des kleinen privaten Gartenglücks wie dem von Jill und John, aber auch solche der großen Historie. Vor allem die Parks und Landschaftsgärten britischer und anglo-irischer Adelsfamilien können als immergrünes Gedächtnis von der Zeit der englischen Besatzung erzählen. Über die ganze Insel verteilt erbaute die feudale Oberschicht ihre Herrensitze, doch viele dieser *big houses* ballen sich im County Wicklow. Vom irischen Klima wohlwollend mit gedeihlichem Regen und milden Temperaturen unterstützt, die Irische See zur einen, den schützenden Riegel der Wicklow Mountains zur anderen Seite, ließen sich in dieser Grafschaft die prachtvollsten Gartenträume realisieren. Zu den berühmtesten Kronzeugen der kolonialen Gartenbaugeschichte in Wicklow gehören die Powerscourt Gardens ebenso wie Mount Usher, Russborough House und die Kilmacurragh National Botanic Gardens.

Eine Anlage, die besonders viel zu erzählen hat und noch dazu zu den schönsten der ganzen Insel zählt, breitet sich auf rund achthundert Hektar aus – Killruddery House & Gardens. Vierhundert Jahre schon ist es der Stammsitz der Brabazons, der Earls of Meath. Während der Eroberung Irlands durch die Tudors schickte Henry VIII. den ehrgeizigen William Brabazon als Vizeschatzmeister auf die Nachbarinsel, wo er seine Familie in Killruddery unweit des Küstenorts Bray ansiedelte. Als Teil der neuen Elite gewannen die machtbewussten Brabazons schnell an Einfluss im britischen Empire. Die erbarmungslose Niederschlagung irischer Aufstände und die Zerstörung mehrerer Dörfer trugen William Brabazon den Ruf ein, der Mann gewesen zu sein, »der den totalen Untergang und die Verwüstung des Königreichs verhinderte«. Damit war sein Engagement im Namen Seiner Majestät noch lange nicht vorbei. Fleißig enteignete Brabazon Klöster, verpachtete Land, erhob Steuern und bereicherte sich wenig untertänig auf Kosten der Krone. Den satten Batzen von einer Million Pfund soll er aus der irischen Staatskasse in die eigenen Taschen gesteckt haben. Wie er das ergaunerte Vermögen anlegte, sieht man Killruddery House & Gardens an. Das blassgraue Herrenhaus umweht noch immer der Stolz, Gärten nach dem Vorbild von Versailles erschaffen zu haben. Die bühnenbildhaft schöne Anlage mit ihren weitläufigen Rasenflächen, streng in Form geschnittenen Hecken und zwei lang gezogenen Teichen, in denen sich Haus und Himmel spiegeln, ist einer der letzten Überlebenden der formalen Gartenbaukunst des 17. Jahrhunderts in Irland. Seine Förmlichkeit hält auf Distanz. Bewundern ja, für vertraulichere Annäherungen ist man im Küchengarten besser aufgehoben. Innerhalb seiner roten Backsteinmauern spielen Birnen- und Pflaumenbäume zusammen mit Kräuter-, Kartoffel- und

Salatbeeten Heile-Welt-Idyll. Hühner, Schweine und wir Besucher spielen gerne mit.

Im Inneren des Hauses weckt das Downton-Abbey-Flair Fantasien von Dienstmädchen, die durch unterirdische Gänge huschen. Stuckdecken und Marmorböden, goldgerahmte Ölgemälde, in Leder gebundene Bücher und Porzellansammlungen – alles Güter derer, die viel, vielleicht zu viel besitzen. Zur Finanzierung des gläsernen Kuppeldachs über der Orangerie reichte das Budget dann allerdings doch nicht aus. So musste die damalige Lady Meath 1852 eines ihrer Diademe verkaufen, um sich nur wenige Jahre nach der Großen Hungersnot, der eine Million Iren zum Opfer gefallen waren, neuen Luxus leisten zu können. In späteren Generationen gab es viele großzügige, sozial engagierte und Irland liebende Mitglieder der Familie, die den ästhetischen Maßstäben, die sie mit Killruddery House setzten, auch ethische folgen ließen. Doch wie all die anderen *big houses* blieb auch Killruddery bei den Iren lange Zeit äußerst unbeliebt. Als Ausdruck ihrer jahrhundertelangen Unterdrückung hätten viele es gern gesehen, wenn man »britische Bäume« radikal gefällt hätte, anstatt sie zu pflegen. Einige Gärten wurden tatsächlich niedergebrannt, ohne Rücksicht auf ihre historische Bedeutung, damit sie nicht länger unerwünschte Erinnerungen hervorrufen konnten. Auch der irische Staat unternahm keine Anstrengungen, um die fabelhaften alten Anwesen als Teil des nationalen Kulturerbes zu bewahren. Manche Anlagen ließ man einfach verfallen. Einige gingen als Schenkungen an staatliche Stiftungen über, die meisten blieben wie im Fall von Killruddery House in Privatbesitz. Ein Affront gegen das irische Volk, fanden die Irischen Sozialistischen Republikaner (ISR) und ketteten im Herbst 2020 das eiserne Eingangstor von Killruddery zu, um mit dieser wenig spektakulären Protestaktion die »Enteignung der Raubritter« und die »Abschaffung ihrer imperialistischen Adelstitel« zu fordern. Die Mehrheit der Iren befürwortet jedoch mittlerweile die Bewahrung der historischen Häuser als wichtige Kulturzeugnisse und ist außerdem davon überzeugt, dass die Koalitionsparteien Fianna Fáil und Fine Gael mehr Verantwortung für die Probleme ihres Landes tragen als der inzwischen sechzehnte Earl of Meath und seine herrschaftlichen Kollegen.

Als botanische Denkmäler könnten Killruddery und all die anderen Gärten von gestern heute dabei helfen, die immer noch offenen Wunden der alten Feindschaft zu heilen. Das Anwesen der Earls of Meath schafft keinen Konflikt aus der Welt, aber es kann dazu beitragen, die irisch-englische Vergangenheit als eine gemeinsame anzunehmen und sich mit ihr zu versöhnen, weil sie nicht nur Belastendes, sondern auch märchenhaft Schönes hinterlassen hat. Bestenfalls erwächst daraus sogar Stolz auf ein gemeinsames Erbe und eine verbindende Leidenschaft, für die der schottische Autor Neil Oliver ein wunderbares Bild gefunden hat. Er schlägt vor, sich Irland, Schottland, Wales und England wie die Mieter eines Mehrfamilienhauses vorzustellen. Jeder hat seine eigene Wohnung, aber man trifft sich im Flur, auf dem Dachboden und am liebsten natürlich im Garten.

Glaube, Liebe, Haushaltsfarben

Italien hatte Michelangelo, in Irland malte Lilly

Wenn sich hinter dieser Tür nicht etwas ähnlich Großartiges verbirgt wie die Grabkammer von Tutanchamun oder die Sixtinische Kapelle, fallen die fünf Besucher, die ungeduldig darauf warten, endlich eingelassen zu werden, in ein so tiefes Loch der Enttäuschung, das bodenlos zu nennen eine bodenlose Untertreibung wäre. Eigentlich wissen wir doch, was uns erwartet, bevor wir ein Gotteshaus betreten: Madonnen, Heilige, Propheten, Engel, Kreuzigung und Himmelfahrt, alles gemalt und gemeißelt. In einer kleinen Kirche der Küstenstadt Dún Laoghaire soll aber alles anders sein. Den Bluff, den man sich gleich zu Beginn seines Besuchs bieten lassen muss, scheint diese Erwartung auch zu bestätigen. Von außen deutet nämlich rein gar nichts auf ein religiöses Bauwerk hin, weshalb wir zunächst an den terrakottaroten Mauern vorbeigelaufen sind, nur um festzustellen, dass alle anderen Häuser in dieser Gegend noch weniger nach Gebet und Glaubensbekenntnis aussehen. Nun sitzen wir seit einer Viertelstunde im Vorraum des Oratory of the Sacred Heart und lassen uns von der ehrenamtlichen Führerin Miss Pilkington auf das vorbereiten, was im Inneren der Kapelle auf uns warten soll. Miss Pilkington möchte es offenbar nicht bei einer knappen Einführung belassen, weil sie glaubt, dass der Besuch eines besonderen Ortes auch eine besondere Ouvertüre verdient. Mit Verve feuert sie Salven von Schwärmereien auf ihre Gäste ab, bis wir, angepeitscht wie ein Team gälischer Fußballspieler von ihrem Trainer, nur noch losstürmen wollen. Was wir auch tun, als Miss Pilkington endlich das Startsignal gibt. Doch beim Erreichen des Eingangs bremst unsere kleine Gruppe wieder ab. Das Gefühl, etwas Besonderes zu tun, verlangsamt unseren Gang. Mit dem nächsten Schritt hinein in die kleine Kapelle ist es, als wären wir in eines dieser Pop-up-Bücher geraten, aus denen beim Aufschlagen einer Seite durch spezielle Falttechniken integrierte Elemente herausspringen und dadurch räumlich erscheinen. Seltsame Tiere hüpfen da die Wände entlang. Tänzelnde, ineinander verknotete Schlangen, Oktopustentakel, die ein kompliziertes Schlaufenlabyrinth formen, Flamingos und Pelikane, deren Hälse und Schnäbel sich zu Ringen zusammenrollen. Dazu ein vielfarbiges Medley aus verschlungenen Mustern, Spiralen und Kreuzen, das einen schwindelig macht und das Herz Purzelbäume schlagen lässt.

Außer tiefem Ein- und langem Ausatmen ist nichts zu hören. Niemand greift zu Smartphone oder Kamera und das trotz der totalen Instagramtauglichkeit des Ambientes. Ist das jetzt etwa der mystische Moment der Epiphanie, einer jähen, geistigen Manifestation, wie sie einst die drei Weisen aus dem Morgenland erlebten, als sie das Kind in der Krippe erkannten? Der Erweckungsmoment, der staunen, glauben und selbst die Selfie-Sucht vergessen lässt? Nein, es ist der Augenblick, in dem alle Miss Pilkington das lange Vorspiel verzeihen. Das musste vorher erledigt werden, denn umgeben von diesen Bildern lässt sich kaum etwas sagen, ohne völlig pathetisch oder banal zu wirken. Dann lieber sprachlos bleiben.

Selbst Menschen, die sonst nur religiöse Zaungäste sind, können sich der spirituellen Kraft, die von diesem kleinen Raum ausgeht, nicht entziehen. Man kann sich die Bilder eine Stunde lang anschauen oder einen Tag. Je länger man davor stehen bleibt, desto unbeschreiblicher wird das Gefühl, das einen beim Betrachten erfasst, als ob man hineingezogen würde in diese mystische Malerei, eintauchen würde in den schillernden Überschwang aus Purpurrot, Honiggelb, Lilienweiß und Smaragdgrün. Die Farben glühen und lodern, als hätte man sie angezündet. Wer braucht da noch Sonne, Mond und Sterne? Es sind nicht allein die Schönheit der Malerei und ihre Besinnlichkeit, die den Zauber dieses Ortes ausmachen. Seine Magie besteht darin, dass er das Werk einer einzigen Frau ist, das der Dominikanernonne Mary Concepta. 1874 als Bridget Lynch geboren, aber von allen Lilly gerufen, lernte sie das Malen im Atelier ihres Vaters Thomas Joseph Lynch. Der hatte die Renaissance der keltischen Kunst in den Mittelpunkt seiner Arbeit gestellt. Nach seinem frühen Tod führte die erst sechzehnjährige Lilly das Geschäft des Vaters fort, doch ein Brand zerstörte das Studio und damit auch alle Träume, als Künstlerin Karriere zu machen. Mit Anfang zwanzig trat Lilly in das Kloster der Dominikanerschwestern in Dún Laoghaire ein und unterrichtete als Lehrerin für Kunst, Handwerk und Musik.

Auf dem Altar in der Kapelle steht ein gerahmtes Foto von Lilly. Sie trägt einen schwarzen Schleier zur weißen Tracht und schaut mit besonnenem Ernst in die Kamera. Mitte vierzig mag sie da gewesen sein. Diese bescheidene Erscheinung konnte sich also überschäumenden Fantasien und fröhlichem Farbenrausch hingeben. Vielleicht bedeutete der Gang ins Kloster für Lilly ja nicht, persönliche und berufliche Freiheiten aufzugeben, sondern war im Gegenteil ein Gewinn an Unabhängigkeit. Ohne sich um ihren Lebensunterhalt sorgen zu müssen, konnte sie sich allem widmen, was ihr wichtig war. Sie liebte es zu unterrichten, spielte Klavier, sang Opernarien und inszenierte Theaterstücke. Losgelöst von den Launen und Moden der Kunstwelt entwickelte Lilly im Kloster ihren einzigartigen Stil. Ihre Mitschwestern und Schülerinnen berichteten aber auch von ihrer tiefen Religiosität und von ihrer großen Bewunderung für die Disziplin der mittelalterlichen Mönche. Lillys Beschreibung von deren Arbeit in den klösterlichen Schreibstuben trifft auch auf ihre eigene Malerei zu:

Making lines, these roads to God
Each dot a stone, each curve a hill,
All these were prayers
Which they had at will.

Linien machen, diese Straßen zu Gott
Jeder Punkt ein Stein, jede Kurve ein Hügel,
All dies waren Gebete,
Die sie nach Belieben hatten.

Vermutlich hätte die Welt nie von dieser Frau erfahren, wenn nicht so viele irische Soldaten im Ersten Weltkrieg auf den Schlachtfeldern von Flandern gefallen wären. Zu ihrem Gedenken schenkte eine belgische Gemeinde dem Orden der Christlichen Brüder in Dún Laoghaire eine Herz-Jesu-Statue. Nach dem Unabhängigkeitskampf spielte in Irland jedoch eine nationalere Stimmungsmusik. Es war nicht opportun, Iren, die während des Weltkriegs in der britischen Armee gedient hatten, Denkmäler zu setzen. Lieber erinnerte man an die Toten des Osteraufstands von 1916. Die beschenkten Mönche reichten die Skulptur deshalb an die benachbarten Dominikanerinnen weiter, die auf ihrem Gelände zum Dank für das Kriegsende eine Friedenskapelle errichteten, das Oratory of the Sacred Heart. Dort sollte die Herz-Jesu-Statue ihren neuen Platz finden, und damit schlug Lillys große Stunde. Gott, dem Designer aller Dinge, hatte sie ihr Leben geweiht und durfte nun als Nonne selbst zur Designerin werden.

Sechzehn Jahre, von 1920 bis 1936, verbrachte sie jede freie Stunde in der Kapelle, um dem Glauben Farbe zu geben. Weil sie als Ordensschwester das Kloster nicht verlassen durfte, schickte sie ihre Schülerinnen mit genauen Instruktionen in die örtliche Eisenwarenhandlung und ließ sich dort aus gewöhnlichen Haushaltsfarben die von ihr gewünschten Nuancen mischen. In der Nacht studierte Lilly unter der Bettdecke Kunstbücher, die sie mit in das Kloster geschmuggelt hatte. Inspiriert vom berühmten »Book of Kells« und vom Stil der keltischen Renaissancemalerei mischte Lilly christliche, islamische, byzantinische und koptische Formen zu ihrem ganz eigenen, sehr humorvollen Stil. Mit jedem Blick auf cartoonartige Figuren, auf grinsende Schlangen und Mönche, die sich neckisch gegenseitig an den Bärten ziehen, dringt Lillys Lebensfreude auch in die Betrachter ihrer Bilder ein. *An rud a lionas an tsuil lionann sé an croi* – Was das Auge füllt, erfüllt das Herz, sagen die Iren und hätten den Kosmos von Lillys Kunst dennoch erbarmungslos gegen Kommerz eintauschen wollen. Als Anfang der neunziger Jahre in Dún Laoghaire ein großes Einkaufszentrum auf dem Gelände des alten Dominikanerklosters errichtet wurde, fielen die meisten Gebäude des Ordens dem Abriss zum Opfer. Gemeinsam mit dem damaligen Kulturminister und heutigen Staatspräsidenten Michael D. Higgins konnten engagierte Gemeindemitglieder immerhin das kleine Oratory of the Sacred Heart vor den Baggern bewahren und zusätzliche EU-Mittel für den Bau einer speziellen, terrakottarot gestrichenen Schutzhülle erwirken. Sonst hatte sich kaum jemand für diesen Speicher der Schönheit interessiert und das ist bis heute so geblieben. Selbst viele Einwohner von Dún Laoghaire haben von seiner Existenz keine Ahnung. So ist es ein Glücksfall, wenn Menschen Lillys Werk begegnen, unabhängig davon, ob sie die Bibel auf dem Nachttisch liegen, ein Kunstgeschichtsstudium abgeschlossen oder die Kirche nur durch Zufall gefunden haben. »Für massenhafte Besichtigungen durch Reisegruppen ist das Oratory of the Sacred Heart Gott sei Dank zu klein«, freut sich Miss Pilkington und bedauert auch nicht, dass geschäftstüchtige Tourismusleute noch nicht auf die Idee kamen, ein eintrittspflichtiges Besucherzentrum samt Souvenirshop und einem Kinosaal zu errichten, in dem stündlich Filme zur Geschichte der Kapelle vorgeführt würden. Nachdem sie ihren Besuchern eine lange Zeit der Stille schenkte, um ungestört in Lillys Werk zu versinken, gestattet sich unsere Führerin zum Schluss dann doch noch ein paar Worte, um zu erklären, warum die Malerei an der Decke unvollendet blieb. Lilly war schwer erkrankt. Mit einer ähnlich großen Anstrengung und kreativen Leidenschaft, mit der Michelangelo in der Sixtinischen Kapelle wirkte, machte sie weiter. Mit dem Rücken auf einem Brett, das zwischen zwei Leitern gelegt war, rang Lilly in kräftezehrender Anstrengung um Perfektion. Jeder Punkt ein Stein, jede Kurve ein Hügel, jede Linie ein Weg zu Gott. Daraus zog sie die Kraft, immer wieder in einen wunderbaren Kosmos zu verschwinden, den sie selbst hervorgebracht hatte. Die Umrisse der Deckenmotive konnte sie noch vorzeichnen und in zartem Gold umranden, aber nicht mehr ausmalen. 1936, drei Jahre vor ihrem Tod, musste sie ihre Arbeit endgültig einstellen.

»Im Universum gibt es Dinge, die bekannt sind, und Dinge, die unbekannt sind, und dazwischen gibt es Türen«, schrieb der Dichter William Blake, und eine dieser Türen heißt Kunst. Lilly hat diese Tür geöffnet, für sich und für uns. Ihr Werk macht die kleine Kapelle in Dún Laoghaire zu einem Ereignis, das lebenslänglich nachwirken wird. Lilly – Miss Pilkington nennt sie kein einziges Mal bei ihrem Ordensnamen, sondern spricht ausschließlich von Lilly, so als handelte es sich um eine gute Freundin von früher. Diese Lilly ist auch uns vertraut geworden. Was Lilly und uns trennt, ist die Zeit. Was uns verbindet, sind ihre im Tanz erstarrten Drachenvögel, ihre langhaarigen Mönche und goldenen Katzenwesen, ihre Schlangen und Spiralen. Mit denen hat sie sich fest in das Buch unserer Erinnerungen eingeschrieben, bevor wir zurückkehren in die Welt, die für eine Weile völlig ausgeschaltet war, und in der sich fortan viele Kultursensationen messen lassen müssen mit einem kleinen irischen Kirchlein.

Die Wiesen des Wachtelkönigs

Vokabellernen gegen den Klimawandel

I went fishing for a lost word
And found myself.
The word was Gaelic lost in English.
VINCENT WOODS

Nachdem Sie den schweineförmigen Hügel zwischen zwei Meeren passiert haben, nehmen Sie anschließend die erste Abzweigung beim kurzen Dornbusch zum Tanzen und erreichen bald darauf das Feenfort des kleinen Mannes. Wie poetisch Wegbeschreibungen klingen könnten, wären nicht auch in Irland fruchtbare Gebiete urbanisiert, Straßen gebaut und die kulturellen Wurzeln zum Leben der Vorfahren gekappt worden. Seitdem orientieren sich die Iren wie der Rest der Welt nur noch an Kreuzungen, Ampeln und Verkehrsschildern. Es ist nicht so, als hätten nicht einige alte irische Orts- und Flurnamen bis in die heutige Zeit überdauert. Sie begegnen uns fortwährend – auf Wetterkarten, Straßen- und Hinweistafeln –, nur weiß kaum jemand mehr, was die seltsam anmutenden Bezeichnungen bedeuten. Was hat es mit Fás Lúghoirt, dem verlassenen Kräutergarten, auf sich, worauf spielt Loch Doirín an dá bhó dhéag, der kleine Eichenwaldsee der zwölf Kühe, an und welches

Rätsel steckt hinter Cuas Rinn an Aonbhallaigh, der Bucht der Spitze des einsamen Lippfisches? Drei Namen als Statthalter einer abwesenden, längst verwehten Geschichte, drei von Tausenden.

Viele Ortsbezeichnungen wurden inspiriert durch markante Landschaftszeichen. Hier setzt ein Bollwerk an Bergen eine mächtige Landmarke, dort malt der Fluss seine unverwechselbare Form hinein, und daneben drücken Moore einem Gebiet ihren Stempel auf. Lauter Wegweiser der Natur. In einer Zeit ohne Navigationssysteme und Lagepläne, in der nicht einmal eine Schrift existierte, bildeten mündlich überlieferte Ortsnamen eine geistige Landkarte, die auch auf längeren Wegen verlässliche Orientierung bot. Die Landschaft wurde so zum Buch und der Wanderer zu ihrem Leser, der nicht nur von besonderen topografischen Gegebenheiten erfuhr, sondern auch von Geschichten, die sich an Klippen und Kirchen, an Flussbiegungen und Feldern ereigneten, kriegerische Auseinandersetzungen zum Beispiel, mystische Begegnungen oder geheime Treffen. In der Zeit der britischen Besatzung Irlands war die irische Sprache ebenso verboten wie der Katholizismus. Unterricht fand versteckt hinter Büschen statt, und Messen wurden an abgelegenen Orten, oft mitten in der Nacht abgehalten. Generationen haben ihre Erinnerungen an diese Zeit der Unterdrückung in Ortsbezeichnungen wie Scoil Scairte – Heckenschule – oder Cnoc na hAltórach – der Hügel des Altars – zurückgelassen. Gleich einem Fossil bergen Namen also auch immer ein Stück Vergangenheit, das uns Hinweise auf Glauben und Traditionen gibt, die im Leben früherer Menschen eine besondere Rolle gespielt haben. Dort, wo der Großvater am Fluss der schlauen Forellen fischte, wo die heilige Gobnait dem Wald ihren Namen gab und wo der Lehrer einen vor dem Fels des Fluches warnte, da ist man zu Hause. Deshalb gehen Ortsnamen uns auch so zu Herzen, oder um es mit den Worten des Belfaster Dichters John Hewitt zu sagen:

The names of a land show the heart of the race,
They move on the tongue like the lilt of a song.
You say the name and I see the place.
Drumbo, Dungannon, Annalong.

Die Namen eines Landes machen das Herz des Volkes sichtbar,
Sie bewegen sich auf der Zunge wie die Melodie eines Liedes.
Du sagst den Namen und ich sehe den Ort.
Drumbo, Dungannon, Annalong.

Irland ist ziemlich gesprächig, es reicht uns Namen um Namen herüber, und wir stehen mit Faszination, aber ohne Verständnis davor. Deshalb hat eine fleißige kleine Einheit für die Lösung etymologischer Rätsel die Aufgabe übernommen, den Sinn all dieser Wörter zu entschlüsseln – die Ortsnamensabteilung des Ministeriums für Kunst, Kultur, Erbe und Gaeltacht. Eine ihrer wichtigsten Quellen sind die »Dinnseanchas«, eine Sammlung von Gedichten und Prosatexten vorchristlichen Ursprungs, in denen irische Orts- und Flurbezeichnungen erklärt werden. Eine Erdkunde in Versen und Erzählungen, die rettet, was durch die englische Übersetzung fast verloren ging. Als die Briten Irland vermaßen und neue Karten anfertigten, glichen sie die unaussprechlichen keltischen Namen in der Übersetzung ihren britischen Zungen an. Der ungefähre Klang irischer Wörter blieb dabei zwar erhalten, deren eigentliche Bedeutung aber wurde vollkommen ignoriert. So wurde aus Léim an Fheadh (der Ort, an dem Hirsche hinüberspringen), was ausgesprochen klingt wie lei-mon-fia, in der englischen Übersetzung Lemonfield. Zitronenfelder in Irland?

Durch britischen Kulturimperialismus ist den Iren eben weit mehr geraubt worden als ein bloßes Kommunikationsmittel. Ihre Sprache ist ein Tor in ihre Vergangenheit und womöglich auch ein Richtungsweiser in die Zukunft, weil nicht allein topografisches und historisches Wissen, sondern auch Weisheiten aus zwei Jahrtausenden in ihr gespeichert sind, Zeiten, in denen der Mensch noch in Einklang mit der Natur lebte. Für die Vorfahren der Iren war klar, dass von Feldern und Vögeln bis zu Wäldern und Wellen alles fundamental zusammenhängt. Ihre Sprache verkörpert genau diese Geisteshaltung und ist geprägt von einer tiefen Vertrautheit mit der Welt der Pflanzen und Tiere. Aus diesem Grund schlägt der Translationswissenschaftler Michael Cronin vor, Irisch und Ökologie zusammenzudenken, weil wir sonst »angesichts des Klimawandels sprachlos sein werden«. Eine Ursache dieser Sprachlosigkeit liegt darin, dass die prägendste Erfahrung heutiger Menschen das Leben in Innenräumen ist, in Schulen, Universitäten, Bürogebäuden, Autos und Wohnungen. Isoliert von der Wirklichkeit vor unseren Fenstern, holen wir uns die Welt ersatzweise auf die Bildschirme von Fernsehern, Computern und Smartphones. Die häufigsten Vogel-, Insekten- und Pflanzenarten können nur die wenigsten noch sicher benennen. Landschaften sind zu einer bloßen Kulisse verkommen, deren Bäume, Hügel und Seen uns nichts mehr zu sagen haben.

Viele der kuriosen alten Ortsnamen zeigen, wie anders unser Verhältnis zur Natur einmal war. Die irische Sprache ist so stark mit den Besonderheiten des Landes verbunden, dass sie uns Wege für eine nachhaltigere Lebensweise zeigen kann.

Die Worte *seisrech* und *gníomh* zum Beispiel. Es sind alte irische Maßeinheiten. *Seisrech* entsprach einer Ackerfläche, die in einem Jahr von acht Ochsen gepflügt werden konnte, und ein Zwölftel dieses Bodens war wiederum ein *gníomh*, genau die Fläche Gras, die eine Kuh braucht. Da weiß man, was man hat, weil man den echten Wert des Landes kennt und eine Überweidung vermeiden kann. Welchen Hinweis auf ihren Nutzen gibt hingegen die abstrakte Einheit Hektar?

Zu einem unfreiwilligen Unterstützer von Michael Cronins Theorie wurde ein kleiner Vogel, der stets im April in Irland eintrifft, den Sommer über zwei Bruten von Küken aufzieht, bevor er sich Ende August wieder auf den Weg zurück nach Afrika macht – der Wachtelkönig. Obwohl er einst so verbreitet war wie der Sperling, wurde der schüchterne kleine Vogel mit dem unauffälligen braunen Gefieder fast seltener gesichtet als der Yeti. Sein durchdringendes Crex-Crex, die krächzend-knarrenden Paarungsrufe des Männchens, hallten aber unüberhörbar durch alle Gemeinden des Landes. Dieses seltsam mechanisch klingende Stakkato hielt Generationen von Iren in langen Sommernächten wach. Noch in den neunziger Jahren waren die Shannon Callows die irische Hochburg des Wachtelkönigs. Diese ausgedehnten Überschwemmungsgebiete, die sich zwischen Athlone und Portumna über eine Länge von fünfzig Kilometern zu beiden Seiten des Flusses erstrecken, gehören zu den ungewöhnlichsten und artenreichsten Landschaften der ganzen Insel. Im Winter lässt Hochwasser den Shannon, der normalerweise an keiner Stelle mehr als hundert Meter breit ist, auf das Zehnfache anschwellen und verändert die Landschaft dramatisch. Im Sommer liegen unter einem hohen Himmel endlose Weiten durchnässten, meist baumlosen Landes, das im Frühjahr von funkelnden Wildblumen bedeckt wird. Lila Moorgras, gelbe Sumpfdotterblumen, roter Ampfer und cremefarbener Nieswurz. Kurz vor dem Ufer baut sich schließlich grün-weißes Rohrglanzgras zu einer Mauer auf, die den Shannon verdeckt und Haubentauchern, Tüpfelsumpfhühnern und Reihern Deckung bietet. Wachtelkönige haben diese Vogelcommunity verlassen. 2011 rief in den Callows nur noch ein einziges Männchen nach einer Partnerin – vergeblich. Vermutlich hat eine der immer häufiger auch im Sommer auftretenden Überflutungen den letzten König einfach weggespült.

Neben dem Klimawandel bedroht vor allem eine mechanisierte Landwirtschaft den Vogel. Mähdrescher zerstückeln die flauschig schwarzen Wachtelkönigsküken in ihren Bodennestern, und auch die Altvögel, die ab Juli ihr Gefieder mausern und daher zeitweilig flugunfähig sind, können den Messerbalken nicht rechtzeitig entkommen. Um den Wachtelkönig zu retten, beteiligen sich viele irische Landwirte an einem staatlichen Schutzprogramm, das sich einerseits hochtechnologischer Mittel wie Wärmebilddrohnen zum Auffinden von Nestern bedient, sich andererseits stark an den nachhaltigeren Landwirtschaftsmethoden früherer Jahrhunderte orientiert. Damals wurden die Flusswiesen nämlich noch sanft mit der Hand und zu unterschiedlichen Zeiten gemäht, sodass immer genügend hohe Grasränder stehen blieben, in denen die Küken sicher flügge werden konnten. Dank der Rückkehr zu dieser Erntemethode hat sich die Population in den letzten Jahren tatsächlich ein wenig erholt. Bis zum Herbst 2022 stieg die Zahl rufender Männchen landesweit wieder auf hundertsiebenundneunzig, ein leichter Anstieg um fünf Prozent gegenüber den hundertachtundachtzig männlichen Wachtelkönigen im Jahr 2021. Am Shannon jedoch ist ihr unverwechselbares Crex-Crex verstummt. Hier ist der Wachtelkönig zu einem Symbol der Vergänglichkeit geworden.

Einige Tiere, die vor langer Zeit noch durch Irlands Landschaft zogen, überlebten nur in Ortsnamen – Nead an Iolair, das Adlernest, Ceann Toirc, Kopf des Keilers, und Eisc na Mac Tíre, das Wasser der Wölfe. Das irische Wort für Wachtelkönig lautet *traonach*. Der vom Aussterben bedrohte Vogel hat sich hauptsächlich in die Gaeltacht im Nordwesten Irlands zurückgezogen, jene Gebiete, in denen noch überwiegend Irisch geredet wird. Wo die irische Sprache fortbesteht, leben auch Wachtelkönige. Sie gehören unverkennbar zusammen.

Mit Irisch allein kommt man allerdings auch nicht überall weiter. Eine greise Irin aus Donegal erzählt ihrem Nachbarn, dass sie in hohem Alter noch einmal eine neue Sprache lernen müsse. »Im Himmel will ich mich doch mit Gott, Petrus und all den Engeln unterhalten können und das geht nur auf Lateinisch.« »Das verstehe ich«, meint der Nachbar, »aber was machst du, wenn du in die Hölle kommst?« »Kein Problem, Englisch kann ich doch schon.«

Reibach mit dem Paradies

Über die Ökonomisierung von Wasser und Fels

Diese Frage ist eine Gefahr für die Gesundheit: Wie viel Fremdenverkehr darf man sich bieten lassen? Dem einen jagt sie vor lauter Ärger den Puls in die Höhe, dem anderen greift sie ans schlechte Gewissen und einem Dritten versetzt der Gedanke an die möglichen Gewinne in gierige Erregung. Als Cork County Council und das Tourismusamt Fáilte Ireland ihre gemeinsamen Pläne für das neue Dursey-Seilbahn-Projekt bekannt gaben, brachten sie die Gemüter jedenfalls ordentlich in Wallung. Bislang beförderte Irlands einzige Seilbahn rund achtzehn Passagiere in der Stunde von der Spitze der Beara-Halbinsel hinüber nach Dursey. Mit dem jetzt geplanten Einsatz von zwei neuen Kabinen könnten es bis zu dreihundert Touristen sein, die pro Stunde auf die Insel gelangen. Im Jahr wären das dann rund achtzigtausend Besucher. Damit der Kunde auch wirklich zum König an den Klippen wird, sieht das neue Konzept zudem ein Besucherzentrum vor samt Café mit Außenterrasse, Souvenirshops und vielen Parkplätzen. Aussichten, die jeden, der schon einmal auf Dursey Island war, zwangsläufig nachdenklich machen.

Wer jetzt noch mit der alten Seilbahn über die brüllende Gischt des Sundes zu den ginstergelb leuchtenden Felsen von Dursey hinüberschwebt, darf sich ein bisschen heldenhaft fühlen, wenn der Wind kräftig an der eckigen blau-weißen Büchse rüttelt. Die hochmodernen neuen Seilbahnen werden die Nerven kaum noch kitzeln, und Dursey selbst ist nach den hohen Maßstäben Lonely-Planet-geschulter Globetrotter etwa so aufregend wie Exerzitien im Kloster. Die einzige Straße der Insel, eine grasbewachsene Schotterpiste, führt durch drei Dörfer, drei Geisterdörfer, alle schon vor langer Zeit verlassen und dem Verfall preisgegeben. Auf ganz Dursey gibt es weder *pubs* noch Shops oder Restaurants. Die nächsten Einkaufs- und Vergnügungsstätten liegen im vierundzwanzig Kilometer entfernten Castletownbere. Die Chance, auf Eissturmvögel, Austernfischer und Mönchswaldsänger zu treffen, ist um ein Vielfaches größer, als menschlichen Gesprächspartnern zu begegnen. Nur noch zwei Iren leben ständig auf Dursey, ein Dutzend weitere nutzen ihre Häuser bloß in den Ferien und ein paar Bauern vom Festland besitzen Weideflächen auf der Insel. Mal kommt ein Schaf um die Ecke, mal ein dreibeiniger Border Collie – meist niemand.

Was sollen achtzigtausend Besucher auf einer Insel, die nur Menschen beglückt, die zur Stille begabt sind? Menschen, denen Landschaft und Wetter genügen, Eintagsdeserteure, die Fahnenflucht aus der Welt begehen wollen und wissen, dass sich der gefühlte Abstand zum Alltag auf Dursey in Lichtjahren messen lässt. Melancholie und Besinnlichkeit dieser geisterhaft leeren Insel ist nichts für Touristen, die abhängig von Erlebnis- und Einkaufskultur sind und bereits durch das Nichtfunktionieren ihrer Smartphones gestresst werden. Für solche Reisende ist nicht Dursey die Attraktion, sondern die Seilbahn, und mit der lassen sie sich locken wie Meerschweinchen mit dem Rascheln der Heutüte. Immer dem Diktat der Sehenswürdigkeit hinterher.

Was profitabel ist, wissen Menschen meist sehr genau, was gut für sie und ihre Umwelt ist, leider nicht immer. Studien zur Folgenabschätzung des neuen Seilbahnprojekts gehen davon aus, dass mit dem Verlust von Habitaten seltener Pflanzen sowie mit dem Verschwinden von Brut- und Schlafstätten einiger Vogelarten zu rechnen ist. Der Bestand der Alpenkrähen ist nach Angaben von Birdwatch Ireland seit 2003 schon um dreißig Prozent gesunken, und das bei vergleichsweise geringem Touristenaufkommen. Paradox, dass das neue Besucherzentrum jetzt genau jene biologische Vielfalt der Insel erklären soll, die durch das Projekt selbst weiter in Gefahr gebracht wird. Zur Begrenzung der schädlichen Effekte werden die Einrichtung markierter Wanderwege und die Festlegung auf maximal zwölftausendachthundertfünfunddreißig Touristen im Monat vorgeschlagen. Vor wenigen Jahren lag die Zahl der Besucher noch bei zwölftausend – und zwar für das gesamte Jahr.

Von einigen Umwelt- und Naturschutzverbänden abgesehen, die Durseys besondere Schutzwürdigkeit anmahnen, wagt sich sonst leider kaum ein Kritiker auf das kommunikative Minenfeld. Mit der Bitte, auf eine Namensnennung zu verzichten, erzählen einige Einwohner zwar von ihrer Angst, dass die Insel auf das Fließband der touristischen Produktion gesetzt und zur reinen Kulisse für Selfie-Enthusiasten wird, aber natürlich will niemand ein Spaßverderber sein oder dem Nachbarn das gute Geschäft verderben.

Befürworter argumentieren hauptsächlich mit der Schaffung von Arbeitsplätzen. So ließe sich der Landflucht entgegenwirken, die für einige Regionen West Corks wieder mehr und mehr zum Problem wird, nachdem die Wirtschafts- und Finanzkrise von 2008 viele Betriebe in der Landwirtschaft, der Fischerei und im Baugewerbe besonders hart getroffen hat. In den Jahren danach entstanden vornehmlich Unternehmen im Bereich der Gastronomie, des Tourismus und der handwerklichen Lebensmittelproduktion. Für sie könnte ein groß dimensioniertes Seilbahnprojekt ein Katalysator sein und für Stabilität sorgen. Grundsätzlich, so die Argumentation der Projektplaner, biete Dursey zurzeit auch nur ein »suboptimales Besuchserlebnis«, da die Wartezeiten in der Hochsaison bis zu zwei Stunden betragen könnten und die Fahrgäste mitunter in langen Schlangen stehen müssten. Zukünftig kämen mehr Personen schneller auf die Insel und könnten die Zeit vor der Fahrt im komfortablen Besucherzentrum verbringen. Über das destruktive Potenzial des Projekts möchten die Seilbahnfans hingegen nicht reden. »Klau der Gans das goldene Ei, ohne sie zu töten«, lautet ihr einfaches Motto. Während sich also andere Urlaubsorte inzwischen vehement gegen Overtourism wehren, feiert Irland die zukünftige Überfüllung einer abgelegenen Insel. Von Kommerz kontaminiert, massenkompatibel gemacht und ihrer Besonderheit beraubt, droht Dursey zu einem ganz gewöhnlichen Kassenschlager zu verkümmern.

Die Hoffnung, dass die Erfolgsversprecher noch nicht endgültig gesiegt haben mögen, erhielt Ende 2021 einen heftigen Dämpfer, als An Bord Pleanála, eine gerichtsähnliche Institution, die über Einsprüche gegen Baupläne entscheidet, das Seilbahnprojekt genehmigte, und zwar trotz der Vorbehalte der eigenen, mit der Überprüfung betrauten Inspektoren. Dank der Einsprüche von Birdwatch Ireland und zwei anderen Naturschutzorganisationen liegt das Vorhaben einstweilen auf Eis, wird aber voraussichtlich noch lange Gegenstand gerichtlicher Überprüfungen bleiben.

Darf Dursey als zivilisationsferner Ort fortbestehen oder muss die Insel zum Touristenort mutieren, der anstrengungslos zu erreichen und leicht konsumierbar sein wird? Werden Irlandreisende sich demnächst in der Hochsaison zu Tausenden an den Seilbahnterminals aneinanderreiben wie Pendler im morgendlichen S-Bahn-Verkehr? Abhängig davon, wie die Entscheidung ausfällt, werden Urlauber zukünftig vor der Frage stehen, ob die eigene Anwesenheit an einem so schönen, aber störanfälligen Ort wie Dursey überhaupt noch erstrebenswert ist.

Eine wie keine

Spezialfall Valentia Island

Der Himmel über Irlands Südwestküste trägt die Farbe von Nacktbeton. Ein störrischer Nebel klebt an allem und stiehlt sogar den kunterbunten Häusern von Portmagee ihre Strahlkraft. Auf der anderen Seite der Brücke scheint uns die Schönheit von Valentia Island auch nur von jener Art zu sein, die lediglich liebende Mütter an ihren Kindern entdecken und sonst niemand. Schmutzig gelbe Felder lasten auf niedrigen Hügeln, und über allen Kaminen weht kräftiger Rauch wie zerfetzte Fahnen. Es ist Juli! Ferienhausvermieter Rene erzählt uns, dass die vorherigen Gäste für drei Wochen gebucht hatten. Nach sechs Tagen aber seien sie abgereist, weil ihnen der Wettergott dann doch zu unverschämt geworden war. Nun, wir sind nicht nach Irland gekommen, um am Teint eines Surfchampions zu arbeiten. Ha, ha! Außerdem haben wir letztes Jahr schon einmal eine wundervolle Woche im County Kerry verbracht. Es hat nur zweimal geregnet. Einmal für drei und einmal für vier Tage. Diesen Witz kannte Rene schon. Achtundvierzig Stunden später ist zwar noch nicht unsere Geduld, wohl aber unser Humor erschöpft. Dort, wo die Panoramafenster unserer Unterkunft die beiden schroff gezackten Felspyramiden der Skelligs rahmen sollten, starren wir ins graue Nichts, als ob die Scheiben aus Milchglas wären. Nicht einmal die Umrisse der legendären Inseln, die dreizehn Kilometer vor der Küste aus den Wellen des Atlantiks aufragen, sind auszumachen. Die Sonne hat sich offensichtlich länger freigenommen, damit Regen und Nebel ordentlich gemeinsame Sache machen können. Sogar der Fernsehmeteorologe, eigentlich an den Glücksspielcharakter seines Jobs gewöhnt, weigert sich vorherzusagen, wann die Welt sich wieder blicken lassen wird: »*Long spells of westerly winds driving in heavy rain from the Atlantic. More showers to follow.*« Und so stellt sich uns jeden Tag aufs Neue die Frage – getauft oder ertränkt? Der Name für Regen, so lernen wir während unseres Hausarrests aus dem Wörterbuch, lautet auf Irisch nämlich *báisteach,* eine Zusammensetzung aus den Worten für Taufe *(baiste)* und Ertrinken *(bá)*. Wenn wir unsere Wasserfestigkeit zwischendurch doch einmal von *báisteach* testen lassen, um nach Knightstown, dem Hauptort der Insel zu laufen, trocknen wir anschließend gemeinsam in Boston's Bar mit anderen »Getauften« der Erkältung entgegen und erheben die Gläser darauf, wenigstens nicht ertrunken zu sein. *Sláinte!* Logisch, dass der irische Trinkspruch nicht einfach »Prost!«, sondern »Gesundheit!« bedeutet.

Nach einer Woche wissen wir bei so viel Wasser nicht mehr mit Sicherheit zu sagen, ob Valentia Island noch zum Land oder schon zum Meer gehört. Selbst das Gras ist so nass, dass es quietscht. Die ganze Insel hat etwas Amphibisches. Wie passend, dass wir dem Übergang zwischen aquatischem und terrestrischem Leben auf Valentia Island im wahrsten Wortsinn auf die Spur kommen können. Dazu nehmen wir an der Nordseite der Insel einen Pfad unter die Füße, der ans felsige Ufer hinunterführt. Dreißig Jahre vor uns ist der Schweizer Ivan Stössel, damals noch Geologiestudent, denselben Weg gegangen, nicht ahnend, dass er wenig später die Entdeckung seines Lebens machen würde – die ältesten und längsten Fußabdrücke auf der Nordhalbkugel.

Vor dreihundertfünfundachtzig Millionen Jahren, lange bevor Dinosaurier über die Erde zogen, krochen an dieser Stelle die ersten vierfüßigen Wirbeltiere, Tetrapoden genannt, an Land. Zu dieser Zeit lag das heutige Irland noch in der Nähe des Äquators und war ein tropisches Schwemmland am Rande eines Ozeans. Das meiste Leben spielte sich noch im Meer ab, doch Valentias Tetrapoden starteten mit der Eroberung des Festlands. Vermutlich stapften sie durch ein ausgetrocknetes Flussbett, bevor der noch frische Schlamm hart wie Beton wurde und die Abdrücke konservierte. Ihr Fund war eine Sensation, hatte man vor Stössels Entdeckung doch angenommen, der Gang der Meerestiere an Land sei erst fünfzehn Millionen Jahre später erfolgt. Einen Meter lang waren die ersten Tetrapoden und glichen übergroßen Salamandern. Die Regelmäßigkeit ihres Gangmusters lässt selbst uns Laien erkennen, dass die wenige Zentimeter tiefen Kuhlen ganz sicher nicht von Wind und Wetter gemeißelt wurden. Fünf verschiedene Fährten ovaler Trittsiegel verlaufen über die Felsen, und weil die Beine der Tetrapoden noch nicht besonders kräftig waren, hinterließen nicht nur ihre langen Schwänze, sondern auch ihre Bäuche leichte Schleifspuren. Ihr Landgang war ein Schlüsselereignis in der Evolution der Wirbeltiere. Hätten diese Vierfüßler die enorme Anstrengung, ihre Körper an Land zu tragen, nicht unternommen, hätten sich ihre zweifüßigen Nachfahren nie entwickelt. Jetzt stehen wir in der Krabbelstube der Erde und versuchen uns die Zeit vorzustellen, als die Welt noch menschenfrei hatte.

Dass die versteinerten Fußabdrücke erst im späten 20. Jahrhundert entdeckt wurden, lag an den immer neuen Sedimentschichten, die sich schützend über die Spuren legten. Erst die entblößenden Kräfte der Atlantikwellen brachten sie wieder ans Licht.

Ob Maude sie also noch gar nicht hatte entdecken können? Gut möglich, dass sie zu sehr damit beschäftigt war, auf die offene See hinauszurudern, um mit dem Schleppnetz Proben zu sammeln. Den seltsamen Vertiefungen in den Felsen ihrer Insel schenkte sie vielleicht deshalb keine Beachtung. Maude Delap – vermutlich hätte ich nicht von dieser großartigen Irin erfahren, wenn ich der Langeweile unserer lichtscheuen Tage nicht mit einem Besuch im örtlichen Heritage Centre ein Schnippchen geschlagen hätte. Untergebracht in der alten Knightstown National School wurde dort alles zusammengetragen, was zum Kulturerbe der Insel gehört. Darunter auch einige Ausstellungsstücke zur Arbeit der autodidaktischen Meeresbiologin Maude Delap. Seit ich ihre Geschichte kenne, wünsche ich mir manchmal, ich hätte auch mit einer zwölfköpfigen Pfarrersfamilie auf einer abgelegenen Insel gelebt. 1874, im Alter von acht Jahren, kam Maude mit ihrer Großfamilie auf Valentia Island an. Sie sollte den Rest ihres Lebens dort verbringen. Alle Mitglieder der Delap-Familie waren begeisterte Naturforscher, und Maude verbrachte schon als Kind die meiste Zeit damit, die Küste nach ungewöhnlichen Kreaturen abzusuchen. Sie beobachtete Napfschnecken, wie sie die Felsen von Algen säubern, Einsiedlerkrebse, die ihre schwarz-weißen Augen auf Stielen herausstrecken, und Seespinnen, die auf ihren zarten Gliedern über das Seegras balancieren. Maude betrat die Welt der Hummer, die in ihren Höhlen lauern, der leuchtenden Anemonen, die ihre Tentakel ausbreiten, und kroch unter dunkle Felsen, um noch mehr von diesen tausend fremden Kreaturen zu finden. Der Atlantik gibt seine Geheimnisse nicht so leicht preis. Das ist Teil seiner Anziehungskraft. Ich bin selbst oft stundenlang am Rande eines Gezeitentümpels gesessen, um herauszufinden, was dort wohl lauern würde – nicht nur als Kind. Maude war besessen von der Möglichkeit, etwas zu entdecken, das noch niemand je zuvor gesehen hat, und Reverend Alexander Delap, der selbst ein großes Interesse für Meeresbiologie hegte, förderte die Wissbegierde seiner Tochter. Unter den ausgestellten Stücken im Heritage Centre finden wir auch das Buch »Illustrated Index of British Shells« von G. B. Sowerby. Es war zur damaligen Zeit ein Standardwerk, das die wachsende Begeisterung für Naturwissenschaften spiegelte. Die Delap-Kinder hatten es als Geschenk erhalten. Es wurde gebraucht – und wie. Stark abgegriffen und mit vielen Bleistiftnotizen in Maudes Handschrift versehen, war das Buch vor allem für die Mädchen der Delap-Familie eine wichtige Möglichkeit, Wissen zu erwerben. Eine schulische Ausbildung war den Söhnen des Pfarrers vorbehalten, und an den Besuch einer Universität war für Frauen zu dieser Zeit ohnehin nicht zu denken. Die erste Studentin wurde erst 1904 am Trinity College in Dublin zugelassen.

Maudes Mikroskop, ihre Feldbücher, Glockengläser und die von ihr gefertigten Kalk-, Knochen- und Muschelpräparate im Heritage Centre zeigen, dass die Benachteiligung von Frauen ihre Begeisterung für das Studium der Natur kein bisschen dämpfte. Maude schickte fleißig Beobachtungsberichte, Zeichnungen und Exemplare ihrer Sammlungen an das Natural History Museum in Dublin, darunter seltsame Fische, eine neue Art von Seeanemone und Knochen eines seltenen Schnabelwals. Ihren größten Beitrag zur Meeresbiologie leistete sie jedoch, als sie sich im Haus ihrer Familie in Reenellen ein Labor einrichtete. Dort füllte sie ihre selbst gebauten Aquarien mit frischem Meerwasser und ließ Sauerstoff durch die Becken sprudeln, um mit der Zucht von Meereswesen zu beginnen, die zu den ältesten Tieren der Erdgeschichte zählen. Echte Überlebenskünstler, die durch ihre Anpassungsfähigkeit sechshundertsiebzig Millionen Jahre der Evolution überdauern konnten – Quallen. In Gefangenschaft war ihre Vermehrung bisher niemandem gelungen. Auch Maude benötigte einige Versuche, um die richtigen Bedingungen für die verschiedenen Arten zu finden, aber sie knackte das Rätsel um den damals noch unerforschten Lebenszyklus der Quallen und beschrieb ihre Metamorphose von der Larve über den Polypen bis zur Meduse. Auf ihre Forschungsergebnisse zu Fortpflanzung und Ernährung der Quallen, die sie in renommierten Zeitschriften und Magazinen publizierte, wurde auch der Leiter der Meeresbiologischen Station in Plymouth aufmerksam, der Maude daraufhin eine Stelle anbot, doch Reverend Delap lehnte ab: »Keine Tochter von mir wird mein Haus verlassen, es sei denn als verheiratete Frau.« Verliebt hatte Maude sich durchaus, in den jungen Biologen Edward T. Browne, den sie bei seinen Forschungsarbeiten auf Valentia Island unterstützt hatte, doch ihre Zuneigung blieb unerwidert. Auch ohne Happy End blieben die beiden in den vierzig Jahren bis zu seinem Tod miteinander in Kontakt. Maude schickte ihm Zeichnungen und Präparate und jedes Jahr zu seinem Geburtstag eine Schachtel wilder Veilchen. Die Romantikerin ist auf den alten Bildern, die Maude mit ihren Schwestern Connie und Mary zeigt, nicht zu erkennen. Aus mattem Schwarz-Weiß blickt uns eine ernste und uneitle Frau entgegen, die Bluse hochgeschlossen, der Rock knöchellang und die Haare streng zu einem Knoten gebunden.

»Wer als Wissenschaftler oder Laie inmitten der Schönheiten und Geheimnisse der Erde verweilt, ist nie allein oder des Lebens überdrüssig«, schrieb eine von Maudes wissenschaftlichen Nachfolgerinnen, die US-amerikanische Biologin Rachel Carson. Das galt ganz sicher auch für die Forscherin von Valentia Island, die zusammen mit ihren Schwestern ein angesehener Teil der Inselgemeinschaft war. Man kann sich wunderbar vorstellen, wie sie noch mit siebzig in ihrem kleinen Ruderboot zum Fischen hinausfuhr, trotz arthritischer Hände eifrig gärtnerte und durch ihre runden Brillengläser die zarten Wesen beobachtete, die anmutig durch ihre Aquarien schwebten.

Wenn eine Pfarrerstochter ohne Schuldbildung auf einer abgelegenen Insel zu einer Expertin für Meeresbiologie und Quallen werden konnte, war die Abgeschiedenheit von Valentia Island offenbar kein Nachteil. Könnte man meinen, Inselleben klingt in den Ohren von Stadtkindern meist nur nach begrabenem Hund. Tatsächlich aber war dieses Nest an der irischen Südwestküste der erste Ort der Alten Welt, der physisch mit der Neuen verbunden war. 1858 hatte die Atlantic Telegraph Company eine der bemerkenswertesten Leistungen in der Technikgeschichte vollbracht und das erste transatlantische Telegrafenkabel von Valentia Island nach Heart's Content in Neufundland verlegt. Der US-amerikanische Präsident James Buchanan, dessen Vater aus der Grafschaft Donegal stammte, sandte über das Kabel eine begeisterte Botschaft an Königin Victoria, in der er erklärte, die transatlantische Verbindung sei »ein Triumph, der glorreicher und für die Menschheit nützlicher ist als jede Schlacht«. Es dauerte fast sechzehn Stunden, bis die Botschaft von Präsident Buchanan über den dreitausendzweihundert Kilometer langen Drahtweg in Valentia ankam, doch als sie endlich eintraf, gerieten Irland, England und Amerika in einen euphorischen Rausch. Kanonen schossen Salut, Fahnen wurden geschwenkt und Kirchenglocken läuteten zur Feier des epochalen Ereignisses. Nach nur drei Wochen war die spektakuläre Unterwasserverbindung aber defekt, und es dauerte sieben Jahre, bis die nächste Nachricht geschickt werden konnte, dieses Mal mit einer superschnellen Übertragungsgeschwindigkeit von acht Wörtern pro Minute. (Denken Sie demnächst demutsvoll daran, bevor Sie wieder die Langsamkeit Ihrer Internetverbindung verfluchen.) Mit zwei weiteren Kabelstationen in Waterville und Ballinskelligs wurde die Grafschaft Kerry zum Zentrum des neuen Telekommunikationszeitalters. Wissenschaft war die Brücke zur Welt geworden, für Valentia Island ebenso wie für Maude Delap, die auf ihrer kleinen Insel zu einer wissenschaftlichen Pionierin werden konnte.

1953 ist sie im Alter von sechsundachtzig Jahren gestorben. Ihrem Familiengrab auf dem alten Friedhof nahe Knightstown wächst ein dickes Fell von Flechten und Moosen. Die Inschrift ist kaum noch zu entziffern. Maude hat all ihre Geschwister überlebt. Ihr Name steht ganz zuunterst. Würde es nicht immer noch regnen, hätte man von ihrer Ruhestätte aus eine großartige Sicht auf den Ozean, in dem sich jene Anemonenart im Seegras versteckt, die zu Ehren ihrer Entdeckerin Edwardsia delapiae genannt wurde.

Maudes Geschichte hat mich mit auf eine Reise in die Meereswelt genommen und mein Verständnis von Sinnhaftigkeit und Erfüllung infrage gestellt. Man kann immer im vielversprechenden Konjunktiv denken, all die Hoffnungen, Optionen und Chancen betrauern, die man nicht Wirklichkeit werden lassen konnte, oder man akzeptiert, wie und wo man ist, und fertigt den bestmöglichen Lebensentwurf daraus. Maude hat das verstanden, und das imponiert mir noch mehr als ihre Quallenzucht.

Nutze den Tag, egal, wo du auch bist, und egal, wie es dort sein mag, gilt auch für uns. Wir haben uns der Schlechtwetterstimmung schon viel zu lange hingegeben. Sie war unsere Ausrede für Unlust und Trägheit. Dabei haben wir doch nicht nur uralte Witze über das irische Wetter im Repertoire, sondern auch ein Zitat des Countrysängers Roger Miller. »*Some people feel the rain, others just get wet.*« Mit Millers Weisheit und Maude als Vorbild lernen wir nun zu fühlen – Nieselregen, Sprühregen und Schauer, tanzende, spuckende und schleichende Regen, Wolkenbrüche, die Kübel und Teiche füllen und uns wie ungeduldige Geldeintreiber fordernd auf die Rücken klopfen. Ich fühlte jeden Tropfen, wurde nass, bis die Kleider dampften, und werde jetzt ganz sicher nicht behaupten, ich hätte es genossen oder mein Leben wäre dadurch reicher geworden, aber ich habe meinen Frieden mit der Feuchtigkeit gemacht, ein für alle Mal.

Warum ich mir da so sicher sein kann? Einen Tag vor unserer Abreise lässt Valentia Island alle Schleier fallen. Die Sonne tanzt über einen blank geputzten Himmel und macht jeder Wolke mit ihren Strahlen Dampf. Wir stehen auf dem Geokaun Mountain, der höchsten Erhebung der Insel, und werden von einer Lawine an Naturschönheit überwältigt. Von vierzig Grün- und doppelt so vielen Blautönen, von hügeligen Wiesen voller flusiger Lämmer und Möwen, die kühne Küstenmanöver fliegen, und vor allem von dem irreal scheinenden Anblick der beiden pyramidenförmigen Skellig-Inseln, die wirken, als wären sie gerade erst in den glatt geföhnten Ozean gestellt worden. Aus dieser Landschaft sind Irlandträume gemacht. Eigentlich ein Grund für schlechte Laune, denn ausgerechnet jetzt müssen wir abreisen. Wir nehmen aber mehr mit, als ein bisschen flüchtiger Sonnenschein uns schenken könnte – Erinnerungen an eine beeindruckende Persönlichkeit, an weltverändernde Kabel und fossile Fährten. Allen Inseln wohnt ein Zauber inne, erst recht den irischen, aber Valentia Island, daran besteht kein Zweifel, ist eine Welt für sich, einzigartig und unvergleichlich – und das bei allen Wettern.

Talk to Joe

Der Pulsmesser der Nation

What do you love about Ireland? Als Radiomoderator Joe Duffy seine Hörer am 20. Dezember 2021 mit dieser Frage zur Gefühlsinventur aufrief, verfolgte er andere Absichten als sonst. Rund vierhunderttausend Menschen schalten wochentags um dreizehn Uhr fünfundvierzig die Talkradio-Sendung »Liveline« auf *RTÉ 1* ein, um nicht zu verpassen, welche Aufregerthemen Joe mit seinen Anrufern diskutiert – der neueste Politikskandal, Betrugsfälle, Prostatabeschwerden oder Probleme mit dem Finanzamt. Dich stören die geschlechterneutralen Toiletten an der Schule deiner Tochter, oder wurde dir die Halloween-Dekoration aus dem Vorgarten gestohlen? Du benötigst dringend einen Taucheranzug in Übergröße oder möchtest du beichten, dass du fünfmal durch die Führerscheinprüfung gefallen bist und das sechste Mal nur dank Valiumtabletten bestanden hast? In allen Fällen gilt: *Talk to Joe!* So lautet der Slogan zur Show, bei der dem landesweiten Telefonnetz stets die Gefahr des Zusammenbruchs droht, weil regelmäßig extrem kontroverse Ansichten aufeinanderprallen, bevorzugt über Priester, Politiker oder Fußballtrainer. 2008 hätte »Liveline« sogar beinahe die irische Finanzwirtschaft zu Fall gebracht, als mehrere Hörer anriefen, um der Nation mitzuteilen, dass sie gerade ihre gesamten Ersparnisse abgeholt hätten, weil den Banken einfach nicht mehr zu trauen sei. Anstatt sie zu beruhigen, verunsicherte Joe seine Hörer mit der Feststellung »Das überrascht mich absolut nicht«, worauf sich unzählige Rentner auf den Weg machten, um ihr Geld tatsächlich unter der Matratze zu lagern.

Am 20. Dezember 2021 aber suchte Joe keinen heißen Brei zum Drumherumreden. Nach zwei Jahren Pandemie und vier Tage vor Weihnachten wollte er den Iren ein wenig Optimismus unter die Christbäume legen, indem er sie über all das Großartige, Gute und unausrottbar Schöne in ihrem Land erzählen ließ. *What do you love about Ireland?* Damit schafft man zwar keine Viren aus der Welt, mildert aber die Verzweiflung darüber und stärkt die Zuversicht ganz im Sinne des Dichters Seamus Heaney, der fand: *If we winter this one out, we can summer anywhere.* Joes Plan ging auf. Liebhaber all dessen, was sich an Irland lieben lässt, riefen an, bereit, mit ihrer zentnerschweren Begeisterung für ihre Heimat den Strom aus schlechten Nachrichten zu stauen. Währenddessen saß ich daheim und wettete, welche unvermeidlichen Stereotype wir gleich zu hören bekämen, und wurde tatsächlich nicht enttäuscht. Am häufigsten genannt wurde der kulturelle Reichtum, angefangen beim hohen Stellenwert, den Literatur in Irland genießt, über die fabelhafte Musikszene bis zu den Geheimnissen der irischen Sprache. Vier Literaturnobelpreisträger, mehr Gewinner des Eurovision Song Contests als die Welt verdient, und das Irische, von dem die meisten Iren nicht viel mehr beherrschen als den in der Grundschule gelernten Satz *An bhfuil cead agam dul go dti on leithreas?* – Kann ich auf die Toilette gehen? – Joes Hörer zauberten aus dem Zylinder der irischen Besonderheiten nun wahrlich keine aufsehenerregenden Kaninchen. Nur ein Archäologe wusste mit einem leidenschaftlichen Kurzvortrag über die hundertvierzigtausend archäologischen Stätten Irlands zu verblüffen. Die Leidenschaft des nächsten Anrufers für Hurling und Gaelic Football war wiederum sehr vorhersehbar. Diese traditionellen Spiele sind sportgewordene Identität, der Klebstoff aus Schweiß und Stolz, der ganz Irland eint – gesellschaftlich wie politisch, denn um die irischen Meisterschaften bewerben sich Auswahlteams aller zweiunddreißig Grafschaften, sechsundzwanzig aus der Republik und sechs aus der britischen Provinz Nordirland. Dass Kinder, die im Alter von achtzehn Monaten keinen tennisballgroßen Lederball auf einem Holzschläger balancieren können, in besonders sportfanatischen Gemeinden keinen Krippenplatz erhalten, ist so unbewiesen wie die Unbefleckte Empfängnis, aber dass Männern in der Kirche die Kommunion verweigert wird, weil sie sich für Basketball entschieden haben, statt mit dreckverkrusteten Beinen Haken zu schlagen und sich kantige Schultern in die Rippen rammen zu lassen, lässt sich zumindest in Kilkenny nicht völlig ausschließen, denn die Grafschaft ist immerhin der sechsunddreißigfache Gewinner des All-Ireland-Hurling-Finales.

Um die Quersumme aller irischen Vorzüge zu ziehen, rühmten Joes Hörer neben Sport, Musik und Literatur dann auch noch die wunderbaren Landschaften, schließlich stand Irland an dem Tag, als die Schönheit der Welt verteilt wurde, in der ersten Reihe, aber – und auch darin waren sich alle einig: *It's not just the place, it's the people.* Es sind die Menschen, ihr starker Sinn für Gemeinschaft und Fairness, ihr Humor und ihre Großzügigkeit, die den Zusammenhalt der Nation garantieren. Das Tollste an Irland sind eben die Iren, sagen die Iren, und ich konnte damit auch Stereotyp Nummer sechs abhaken. Trotzdem wurde ich langsam ungeduldig, weil sich das Ende der Sendung näherte und kein Hörer sich anschickte, Joe Duffy und der »Liveline«-Sendung selbst eine Liebeserklärung zu machen. Ich hatte fest damit gerechnet. Seit über zwanzig Jahren kämpft Joe sich durch das kommunikative Minenfeld seiner Sendung. Der Mann, der nach dem College als Sozialarbeiter und Bewährungshelfer tätig war, bevor er zum Radio ging, ist Kummerkasten, Beschwerdeannahmestelle, Beichtvater, Sorgenstreichler, Vertrauenslehrer und für manch einen seiner Anrufer auch so etwas wie ein Freund, und sei es auch nur für ein paar Minuten. Joe ist die Stimme des Nachmittags, »Liveline« das zuverlässigste Stimmungsbarometer der Nation und eines ihrer einflussreichsten Radioprogramme. Am 11. September 2001 war es Joe Duffy, der die Iren während seiner Livesendung mit zittriger Stimme darüber informierte, dass zwei entführte Flugzeuge in die Türme des World Trade Centers in New York gestürzt waren. Ohne zu wissen, was eigentlich genau geschehen war, prophezeite Joe schon zu diesem Zeitpunkt, dass dieser Tag die Welt verändert haben wird. Zwanzig Jahre später veränderte die Coronapandemie die Welt noch einmal und Joe sprach mit Menschen, die an der Beerdigung ihrer Angehörigen nur per Skype teilnehmen konnten oder die sich durch geschlossene Krankenhausfenster von ihren sterbenden Angehörigen verabschieden mussten. Seine Hörerin Dorothy erzählte vom Tod ihrer Schwester Rose und las ihr Gedicht »My Sister is Not A Statistic« in voller Länge vor. Zuhörexperte Joe gab diesen Menschen Raum und holte sie dadurch stellvertretend für viele andere aus der Anonymität der Statistiken heraus.

Wer bei ihm anruft, vertraut darauf, angehört zu werden und etwas erreichen zu können. So wie der neunundachtzigjährige Michael, der sich nach dreiundsechzig Ehejahren von seiner Frau Kathleen trennen musste, weil die Gesundheitsbehörden die beiden in verschiedene Pflegeheime gebracht hatten. Sogar Premierminister Leo Varadkar nahm zu diesem Fall Stellung, und bald waren Michael und Kathleen wieder vereint. Um größtmögliche Reichweite ging es auch Pater Fergal MacDonagh. Bevor er die Tore der russischen Botschaft in Dublin mit roter Farbe beschmierte, um gegen den Krieg in der Ukraine zu demonstrieren, rief er Joe Duffy an, damit die Radiohörer seine Protestaktion live miterleben konnten. Dass sich da kein Wichtigtuer einen Witz erlaubt, begriff auch der Letzte, als plötzlich die Stimme eines Polizisten zu hören war, der den Priester aufforderte, das Telefonat zu beenden, weil er jetzt die Personendaten aufnehmen müsse.

»Liveline«-Hörer werden Ohrenzeugen von Kuriositäten, Melodramen und Alltagsbanalitäten, von scharfen Streitgesprächen und erbaulichem Geplauder. Geht es vielen Boulevardmedien bloß darum, Schicksale zu vermarkten, steht bei Joe das Reden und Redenlassen im Zentrum. In diesem ehrlichen, oft auch recht robusten Austausch besteht der Reiz zuzuhören. Das bestätigt auch die Dublin City University. Eine von ihr durchgeführte Befragung zur Bedeutung des öffentlich-rechtlichen Rundfunks kommt zu dem Ergebnis, dass verschiedene Call-in-Radioformate dabei helfen können, Krisen zu bewältigen. Als Meinungsplattformen gewähren sie Einblicke in das Leben anderer Menschen, von deren Erfahrungen die Hörer lernen können. Die Programme wirken entlastend, weil man sich an spannenden und witzigen Geschichten erfreuen kann, und sie regen zu weiterführenden Gesprächen im Freundes- und Bekanntenkreis an. Die besprochenen Themen verfaulen nicht in der medialen Sackgasse, sondern wirken in der Gesellschaft weiter. Speziell zu »Liveline« heißt es in der Studie, die Sendung sei *»Ireland's first social media«*. Nicht nur das erste, sondern auch eines der wichtigsten Mitmachportale, wenn man bedenkt, dass »Liveline« sich auch jetzt noch hält, da wir alles im Internet ausbreiten können und es für jede noch so wunderliche Neigung ein Forum gibt. Das ist kein unerklärliches Mysterium, sondern das Werk von Joe Duffy.

Auf die Frage *What do you love about Ireland?* haben Joes Hörer es ihm zwar nicht direkt gesagt, ihre große Zuneigung beweisen sie ihm aber täglich. »Liveline« läuft im Wohnzimmer, in der Werkstatt, während der Autofahrt und auch in den PR-Büros großer Firmen. Kaum, dass eine Hörerin ihre Kritik an den überteuerten Büstenhaltern von Marks & Spencer zu Ende formuliert hatte, traf schon eine E-Mail mit der Stellungnahme des Unternehmens im Radiostudio ein. »Ich werde Joe Duffy anrufen« ist inzwischen eine gängige Drohung, mit der man jeden Kundendienstmitarbeiter in Angst und Schrecken versetzen kann – und nicht nur sie. Selbst Kriminelle kapitulieren vor dem Rächer von *RTÉ 1*. Unter Tränen hatte der neunundsiebzigjährige Michael O'Reilly davon berichtet, wie ihm seine Susan, ein silberner Toyota-Kleinwagen, geklaut worden war. Nachdem »Liveline« nicht allein in Irland und Großbritannien, sondern bis nach Kanada und in die USA für Aufsehen und Anteilnahme gesorgt hatte, sahen die Diebe offenbar keine Chance mehr, Susan zu verhökern. Nur einen Tag nach der Sendung durfte Michael O'Reilly sich über seinen wiedergefundenen Wagen freuen.

Wer als Fremder den Iren so beim Irischsein zuhört, kann über ihre nationalen Schrullen lächeln, sich über manche Befindlichkeiten wundern und beim gelegentlichen Blick in die Dunkelkammern der irischen Seele erschrecken. Ob man Irland und die Iren dadurch aber besser begreift? Das Volk, das sich wünscht, den Klischees, die von ihm in Umlauf sind, ähnlich zu bleiben und deshalb Bilder beschwört von traditionsverliebten Menschen, die mit dem Hurlingschläger auf die Welt kommen, die Weltliteratur am Fließband produzieren und vor Torffeuern fiedeln, bis der *Pub*-Himmel voller Geigen hängt, natürlich alle in Moll gestimmt, denn ohne eine anständige Portion Melancholie im Herzen ist der Ire doch gar nicht denkbar. Dasselbe Volk aber empört sich über die Vorurteile, die man im Ausland über den rothaarigen Saufbold Paddy hegt, fühlt sich nicht ernst genommen und beschwert sich in der »Liveline«-Sendung: »*It's a disgrace, Joe!*«

Ein Trost bleibt: Man muss das Land gar nicht bis ins Letzte verstehen, es genügt völlig, Irland zu lieben.

Rettet das Richtige!

The way to shorten a road

»*So you'll have a fry in the morning?*« Die Frage folgt der Ankunft im Bed & Breakfast so sicher wie der Donner auf den Blitz. Keine fünf Minuten da, aber schon soll ich wissen, was ich morgen zum Frühstück möchte. »*No Full Irish? You're sure?*« Kopfnicken. »*You're sure you're sure?*« B & B-Besitzerinnen sind oft von jener überfürsorglichen Sorte irischer Mütter, die ihren Kindern zum Schutz auf Reisen kleine Weihwasserflaschen in die Tasche schmuggeln. Die verheerende Wirkung einer Morgenmahlzeit aus Bohnen, *black pudding*, Würstchen, Speck und gebratenen Eiern, von der sich ein in die Höhe katapultierter Cholesterinspiegel für den Rest unserer Reise nicht mehr erholen würde, bereitet diesen Frauen ebenso wenig Kummer wie der Stress, den ihre Kinder erleben, wenn sie bei der Sicherheitskontrolle am Flughafen keine Erklärung für die unbekannte Flüssigkeit im Handgepäck haben.

Läuft es von der Frühstücksfrage einmal abgesehen gut für den Gast, landet er bei einem kauzigen alten Ehepaar. Sie bäckt die besten *scones* zwischen Dublin und Detroit und er verrät einem die schönsten Angelstellen am See. Läuft es schlecht, kommt man bei einem kauzigen alten Ehepaar unter. Sie serviert den Orangensaft in Schnapsgläsern und er schimpft ohne Unterlass über die EU. Gemeinsam ist beiden Paaren, dass sie glauben, ihre Gäste mit Blümchenbettdecken, Kollektionen pastellfarbener Plüschkissen und Fensterbänken voller bunt bemalter Strandkiesel und Holzmöwen glücklich machen zu können. Immer lebt einer der Söhne in Amerika und eine der Töchter ist erst vor Kurzem aus Australien heimgekehrt. Keine kostenlose Urlaubsunterkunft mehr in Down Under für die Eltern, dafür leben die Enkelkinder jetzt nur noch drei Häuser weiter die Straße runter. Auf dem Kaminsims, an den Wänden des Treppenaufgangs, im Flur zu den Zimmern – überall Fotos von Taufen, Geburtstagen und Gartenpartys. Es ist die Chronik einer Sippe, die einer meiner B&B-Gastgeber mit folgendem Witz kommentierte: »Worin besteht der Unterschied zwischen einer Hochzeit und einer Beerdigung? Bei einem Begräbnis ist einer weniger betrunken.«

Wer keine Lust auf die Familiengeschichten von Fremden hat und sich den engen Frühstückstisch auch nicht mit anderen Gästen teilen möchte, auf den warten alternativ ein Bett, eine Minibar, stylishe Möbelmodule und vier hellhörige Hotelwände, die eine nicht zu unterschätzende Gefahr schwerer Schlafmittelabhängigkeit bergen, weil der Zimmernachbar morgens um drei entweder ein Rockkonzert oder die Übertragung eines Formel-1-Rennens schaut. Nach durchlittener Nacht deprimiert dann ein 08/15-Hotel-Büffet mit Rührei-Imitaten, traurigen Dosenobststückchen und Fertigmüslis aus Kästen, die aussehen wie recycelte Kaugummiautomaten.

Bleibt nur die Unterkunftsvariante Nummer drei – das Ferienhaus, am besten in Form eines reetgedeckten *cottages*. Wer sich von dieser Romantik ködern lässt, hat offenbar völlig vergessen, dass der Name, den die Römer der sturmumtosten Insel im Atlantik gaben, Hibernia lautete, was so viel wie »Land des Winters« bedeutet. War die Angst vor kalten Füßen für die sonnenverwöhnten Südländer möglicherweise auch ein Grund, auf die Eroberung Irlands zu verzichten, so könnte sie heutige Reisende ebenfalls vor schlimmen Fehlentscheidungen bewahren. Wäre die Hölle ein kalter Ort, sähe sie nämlich aus wie das Schlafzimmer eines *cottage*, dessen einzige Heizquelle ein offener Kamin im Wohnzimmer ist. Heimelig wie in der Tiefgarage.

Menschen, die noch nie zuvor in ihrem Leben ein Kaminfeuer entfacht haben, stehen plötzlich fröstelnd in ihrem bilderbuchhübschen Ferienhaus vor einem Korb mit Torfbriketts und Holzanzündern und arbeiten nach Kräften an der eigenen Desillusionierung. Nach vier vergeblichen Versuchen, es lodern zu lassen, schauen sie im Schein kümmerlicher Flammen dabei zu, wie sich ihre Stimmung mehr und mehr verdüstert, je offensichtlicher wird, dass ein Torffeuer die unproduktivste Art des Heizens ist, ein Vollzeitjob noch dazu und der Wärmeradius gerade mal einen halben Meter reicht. Wenig Platz, den man sich überdies mit der Frau, zwei Kindern und dem Hund teilen muss.

Kein Grund, sich für den Reinfall zu schämen. Auch viele Iren halten hartnäckig an der irrigen Annahme fest, dass ein Haus sich nur nach einem echten Heim anfühlt, wenn ein Torffeuer im Kamin glüht. In Ermangelung von Kohle und Holz, ganz zu schweigen von Elektrizität, überlebte das Inselvolk jahrhundertelang, indem es Torf als Brennstoff verwendete. Ganze Generationen haben die Erde aufgerissen, mit speziellen Spaten Soden abgestochen und zum Trocknen pyramidenförmig gestapelt. Was in Irlands mächtigen Mooren in Tausenden Jahren meterdick angewachsen ist, verbrannte in den Kaminen des Landes binnen einer Stunde. Die Ausbeutung ließ klaffende Wunden zurück, die sich längs durch die Landschaft ziehen. Kratergroß gerieten die Löcher, wenn Bord na Móna beim industriellen Abbau schwere Torfbagger einsetzte. Zwar hat das halbstaatliche Unternehmen im Jahr 2020 den gesamten Torfabbau eingestellt und wird nach 2024 aus den verbliebenen Ernten auch keine Briketts mehr herstellen, jeder Versuch der Regierung, ein Torfstechverbot auch für Kleinbetriebe und Privatleute durchzusetzen, scheiterte jedoch bislang und heizte stattdessen nur die Konflikte zwischen städtischen Eliten und armer Landbevölkerung an. Kämpfen die einen gegen das Moorsterben und den Klimakiller Torf, wollen die anderen billigen Brennstoff und Traditionen bewahren.

Die Klimakrise ist real, darüber herrscht in Irland ebenso Konsens wie darüber, dass die Förderung und Verbrennung von Torf extrem hohe Kohlenstoffemissionen und Luftverschmutzung verursacht, doch Tausende Familien beharren weiterhin auf ihrem traditionellen Recht, Torf für den häuslichen Gebrauch schneiden zu dürfen. Die Iren seien nun mal ein Volk, das man nicht von ihren Kaminen vertreiben könne, ohne die irische Kultur zu zerstören, schließlich präge das Erzählen von Geschichten am glühenden Feuer bis heute die nationale Identität.

Solange Nostalgie stärker gewichtet wird als die Schäden für Umwelt und Gesundheit, werden irische Torfstecher ihr Land noch lange Zeit verheizen können. Die emotionale Bindung an würzigen Kamingeruch ähnelt auf fatale Weise der Liebe der Iren zum *pub*. Seine Rolle wird heftig romantisiert und an Irlands Kultur gekoppelt, gern unter Zuhilfenahme von Zitaten des Dubliner Schriftstellers und Kneipenkönigs Brendan Behan. Mit der Behauptung, nur bei zwei Gelegenheiten zu trinken: »Wenn ich Durst habe, und wenn ich keinen Durst habe«, lieferte er irischen Trinkern ein unwiderlegbares Alibi. Leider ist Behan im Alter von einundvierzig Jahren tot von einem Barhocker gefallen, aber so gehörte sich das wohl früher für echte Iren. Das waren noch Zeiten, als Mama und Papa unten Alkohol ausschenkten und oben wohnten. Ihre Gäste aßen zu Hause Kartoffeln und Butter, damit ihnen genug Geld für Guinness blieb. Damals drückte die Dorfpolizei auch noch beide Augen zu, wenn man betrunken beim Autofahren erwischt wurde. Seitdem haben die Änderungen des Gesetzes zum Fahren unter Alkoholeinfluss, das Rauchverbot in Kneipen, billiger Supermarktfusel und hohe Steuersätze auf Alkohol sauflustigen Brendan-Behan-Fans und vielen Wirten das Dasein erschwert. Ein handgeschriebener Zettel im Fenster eines *pubs* in West Cork fasst die Lage aphoristisch zusammen: »*Due to the present economic uncertainties, the light at the end of the tunnel will be turned off until further notice.*«

Das ist kein Sirenenruf einer garstigen Neuzeit, sondern das Spiegelbild eines sich verändernden Lebensstils. Die Zeit der alten Paddys, die zu viel Enttäuschungen und Wehmut mit zu vielen Gläsern Guinness hinunterspülen mussten, ist vorbei, und viele Dörfer waren ohnehin schlicht *overpubbed*. Vier oder fünf Kneipen in einem Nest, durch das stundenlang kein einziges Auto fährt, lassen sich auch nicht mit der erpresserischen Drohung retten, zusammen mit ihnen verschwände Irlands Erzählkultur. Ein Argument, das auch schon dafür herhalten musste, das Kaminfeuer brennen zu lassen, vor dem sich die *storyteller* ja einst bevorzugt versammelten. Manche Dinge regelt offenbar doch besser der Markt. Wirte, die mehr Musik und Live-Sport, besseres Essen und ein breiteres Getränkeangebot haben, werden erfolgreicher sein und ihre *pubs* ein Eckpfeiler des sozialen und kulturellen Lebens bleiben.

Echte Sorgen sollten sich die Iren deshalb weder um Kneipentraditionen noch um erlöschende Torffeuer machen, sondern um den Fortbestand ihrer Bed & Breakfasts. Früher gab es diese Form der Gastfreundschaft noch überall in Irland. Mit der Zeit wurde die wunderbar altmodische Vermietung von Privatzimmern jedoch immer seltener, dafür aber professioneller und verlor viel von ihrem Charme. Ein Grund ist die ausufernde Bürokratie.

Um ein B & B in Irland zu eröffnen, müssen die Planungs-, Brandschutz- und die örtlichen Bauvorschriften eingehalten werden. Außerdem sind die Lebensmittelgesetzgebung sowie die Hygiene- und Versicherungspflichten zu beachten. So entstehen normierte Betriebe, die kein Zuhause mehr bleiben dürfen. Nur noch wenige Menschen möchten unter diesen Bedingungen Gäste in ihr Heim einladen. Wer will schon eine grellgrüne Notausgangslampe im Wohnzimmer aufhängen müssen?

Um Traditionen, Gemeinschaftssinn und die nationale Identität auf bequeme Art bewahren zu helfen, bucht man für seinen nächsten Irlandurlaub also einfach eine Privatunterkunft. Als grandioser Nebeneffekt bleibt auf diese Weise auch ein wichtiger Ort der Erzählkunst erhalten. Die schönsten Storys, Witze und gälischen Redewendungen habe ich nämlich nicht etwa in einem *pub*, sondern in den Küchen und Wohnzimmern von B & Bs gehört, darunter auch eine Geschichte, die erklärt, warum Gemeinschaft und das Geschichtenerzählen von so großer Bedeutung sind. Ihr Titel lautet »Giorraíonn beirt bóthar« – »Zwei Menschen verkürzen eine Straße«: Als der große irische Baumeister Gobán Saor von seinem Sohn gefragt wurde, wie er eine kluge Partnerin finden könne, riet er ihm, nur eine Frau zu heiraten, die den Weg abkürzen könne. Also bat der Sohn seine Auserwählte darum, und sie fing an, ihm eine Geschichte zu erzählen. Die Zeit verging dadurch schneller. Die beiden heirateten, und fortan ließen ihre Geschichten die Straße des gemeinsamen Lebens kürzer erscheinen. Mir haben B & B-Besitzer wie Sandra und Ronnie, Judy, Sheila-Ann, Rosarie, Michelle, Carol und Jim viele solcher Erzählungen geschenkt, ohne dass ich auch nur eine einzige Blutwurst, Speck und Bohnen hätte essen müssen.

Das Kummerloch

Von Scheinkelten und brandneuen Iren

Der größte Friedhof, den ich je betreten habe, liegt auf einem uralten tropischen Meeresboden im Nordwesten der irischen Grafschaft Clare. Die Welt hat sich dort auf einer Fläche von rund zweihundertfünfzig Quadratkilometern als Mond verkleidet – wohin man auch blickt, nichts als nackte, silbergraue Felsplatten. Burren wird diese Karstwüste genannt, abgeleitet vom gälischen Wort *An Bhoireann* für »steiniger Ort«. Das Buch der Erdgeschichte ist hier bei einem seiner ältesten Kapitel aufgeschlagen. Vor dreihundertsechzig Millionen Jahren, als Irland noch in der Nähe des Äquators lag, entstand diese Landschaft auf dem Grund eines warmen Ozeans. Es wuselte darin von einzelligen Bewohnern, die winzige Schalen aus Kalziumkarbonat bildeten. Wenn sie starben, drifteten ihre Gehäuse auf den Grund des Meeres und lagerten sich dort zusammen mit Sedimenten und Pflanzenresten ab. Jahrtausende vergingen, bis dieser Bodensatz begann, sich aufzuschichten; Äonen, bis genügend Gewicht erreicht war, damit diese Ablagerungen sich zunächst in Kreide und dann in festen Kalkstein verdichteten. Die Steinplatten des Burren sind also ein gigantisches Massengrab von Muscheln und anderem Meeresgetier, das durch den Druck tektonischer Kräfte immer weiter nach oben und schließlich ganz aus dem Wasser gepresst wurde. Die sichtbaren Beweise dieser Entstehungsgeschichte sind heute in Form weißer Korallenfossilien in die Oberflächen der grauen Felsen geätzt.

Gigantische Gletscher verpassten dieser bizarren Landschaft noch den letzten Schliff, als sie sich am Ende der Eiszeit zurückzogen. Die Samen arktischer Gewächse aber blieben und tragen heute zu einer in Europa einmaligen Flora bei. Aus der Ferne sehen die Hügel kahl aus, in tiefen Spalten, Furchen und Ritzen der Kalksteinplatten aber hat sich ein Netz von Mini-Ökosystemen entwickelt, das Pflanzen aus völlig verschiedenen Klimazonen vereint. Geschützt vor atlantischen Winden blühen alpine, mediterrane und arktische Wildblumen im Frühjahr um die Wette. Orchideen, Thymian und Pfefferminze neben alpinen Enzianen, Bergwurz, Buschwindröschen und Wacholderbüschen. Eine einzigartige Kombination, die den Burren weltberühmt machte und den Naturwissenschaftler David Cabot davon schwärmen lässt, dass diese Landschaft mit ihren über tausend Pflanzenarten, den vielen Vögeln, Schmetterlingen, Hasen und Wildziegen »das Juwel in der ökologischen Krone Irlands« sei. Der Vielfalt von Flora und Fauna nicht genug findet man sonst nirgendwo in Irland eine solche Fülle an archäologischen Stätten wie im Burren. Zweitausendfünfhundert frühchristliche und prähistorische Zeugnisse, darunter alte Kirchen und Klosteranlagen, Ringforts, heilige Quellen und Gräber, belegen, wie dicht diese Region einst besiedelt war. Das bekannteste und wohl auch meist fotografierte Monument ist der Poulnabrone-Dolmen, dem Wind und Wetter schon seit fünftausendachthundert Jahren über die Steinblöcke streichen.

Sein irischer Name Poll na mBrón bedeutet in etwa »Loch der Mahlsteine«. Durch eine falsche Übersetzung ist das Portalgrab jedoch als »Loch des Kummers« bekannt geworden. Gar kein so unpassender Name, denn inzwischen haben Grabfunde all den Iren, die Vergangenheit gerne als traditions- und identitätsstiftend nutzen wollen, mit der Entdeckung neuer historischer Realitäten einige Enttäuschung bereitet. Die Überreste von fünfunddreißig Personen wurden in der Hauptgrabkammer entdeckt, achtzehn Erwachsene und siebzehn Kinder, die vor mehr als fünftausend Jahren im Burren lebten. Die DNA-Analyse der prähistorischen Knochen ergab, dass die Vorfahren dieser Menschen aus der Gegend des heutigen Anatolien stammten, ein Zentrum der frühen Landwirtschaft. Sie brachten Ziegen, Rinder und Schafe mit. Zur Gewinnung von Ackerland rodeten sie massenhaft Bäume und verursachten dadurch die Bodenerosion, die dem Burren erst sein kahles Antlitz verlieh. Die schwere körperliche Arbeit, die Irlands erste Farmer verrichteten, lässt sich auch an den gefundenen Knochenfragmenten erkennen, die alle Spuren von Arthrose tragen. Die meisten waren Linkshänder, weshalb sich die Überlastungsschäden stärker an den linken Handgelenken zeigen als an den rechten. Einen Fitnessvorteil hatte das harte Steinzeitleben aber doch: Von den fünfhundertfünfundachtzig im Grab gefundenen Zähnen wies nur ein einziger Karies auf. Zu verdanken hatten die Burren-Bauern das der heute wieder in Mode gekommenen Paleo-Diät mit wenig Zucker und viel Proteinen. Eine Ernährungsweise, die sie mit den Jägern und Sammlern teilten, die schon lange vor ihnen im Burren lebten. Obwohl die anatolischen Neuankömmlinge zur dominierenden Bevölkerungsgruppe wurden, vermischten sie sich gelegentlich mit ihren Vorgängern, weshalb sich im Genom der Bauern noch Reste der Jäger und Sammler finden ließ. Diese frühen Iren hatten sehr dunkle Haut, schwarzbraune Locken und blitzend blaue Augen, eine außergewöhnliche Kombination. Woher sie kamen, weiß man nicht, aber auch sie waren nicht die Ersten. Knochen von Rentieren, die im Karstgestein des Burren perfekt konserviert wurden, liefern den Beweis, dass die Tiere vor dreiunddreißigtausend Jahren in Irland gejagt und geschlachtet wurden. Eine Sensation. Durch diese Entdeckung musste die Geschichte umgeschrieben werden, ging man doch bislang davon aus, dass die ersten Menschen vor etwa zwölfeinhalbtausend Jahren nach Irland gekommen waren.

Unbekannte Nomaden, die Rentieren nachstellten. Blauäugige, stark pigmentierte Jäger und Sammler, linkshändige Bauern – und wer kam sonst noch? Die letzte Welle früher Siedler zog vor viertausend Jahren aus den Steppenregionen des heutigen Russland über das Schwarzmeergebiet nach Mitteleuropa und erreichte schließlich Irland. Sie etablierten eine streng hierarchische, von Männern angeführte Gesellschaft und brachten die Hämochromatose mit, eine bis heute in Irland weitverbreitete Erbkrankheit, bei der zu viel Eisen gespeichert wird. Genetisch besteht – tapfer sein, liebe Kelten-Fans – auch sonst eine sehr starke Kontinuität zwischen diesen Bewohnern der frühen Bronzezeit und den modernen Iren. Später hinterließen zwar noch Wikinger und Anglo-Normannen ihre Spuren, aber nicht im gleichen Maß wie die prähistorischen Einwanderer.

Drei verschiedene irische Populationen und zwei Massenmigrationen konnten durch die Untersuchungen alter irischer Genome also identifiziert werden. Die Iren sind demnach eine bunte Mischung verschiedener Völker und Kulturen, nur das, was viele am liebsten wären, sind sie nicht – Kelten. Im Rahmen des von der irischen Regierung finanzierten Projekts »Genetic History of Ireland« kamen Dubliner Wissenschaftler zu dem eindeutigen Ergebnis, dass keltische Völker Irland niemals in größerem Maßstab bevölkert hatten.

Die Kelten, die ihren Weg auf die Insel fanden, begeisterten die hiesige Bevölkerung aber wohl mit ihrem *celtic way of life*. Vor allem die gesellschaftliche Elite begann den neuen Stil anzunehmen. Lokale Handwerker produzierten eigene Varianten des keltischen Designs, etwa so wie heute Prada, Chanel und Eames kopiert werden. Keltisch gefärbt wurde die Gesellschaft außerdem durch Druiden, Barden und Seher, die neue Götter, spirituelle Lebenshilfe und Entertainment im Angebot hatten. Irlands Keltentum ist aber vor allem das Ergebnis einer sprachlichen Kolonisierung. Durch die langsame Übernahme des Gälischen sind die Iren ein Teil der keltischen Welt geworden. Statt marginalisierte Menschen auf einer triefnassen Insel gehörten sie damit zu den Nachfahren einer alten und einst mächtigen europäischen Kultur, schmeichelhaft und besonders für irische Nationalisten attraktiv, weil das Keltentum ihnen als Mittel zur Abgrenzung nutzt, zunächst im Kampf gegen die verhassten britischen Besatzer und später auch als Standardlegitimation zur Diskriminierung von allen, die ihnen zu fremd erschienen, ohne dabei offen rassistisch zu klingen. Ich kenne Polen, die hervorragend Irisch sprechen und eine ganze Reihe Iren, die man in ihrer Landessprache obszön beschimpfen könnte, ohne Ärger befürchten zu müssen, weil sie kein Wort verstehen würden. Ungünstige Voraussetzungen, um sich an eine starre Vorstellung von Identität zu klammern, die man anderen gern vorenthalten würde. Heute sind Menschen aus aller Welt in Irland zu Hause. Asiatische Lebensmittelhändler, afrikanische Haarstylisten, deutsche Homöopathen, schwedische Straßenmusiker, litauische IT-Spezialisten, brasilianische Fitnesstrainer und ukrainische Ärzte. Das sind die brandneuen Iren, die ihre Sprache und Kultur mitbringen, so wie es schon die Einwanderer vor Tausenden Jahren taten. Wenn Vertrautes nicht weicht, sondern gemeinsam mit Unbekanntem neue Wege beschreitet, kann etwas so Großartiges entstehen wie die iranisch-irische Band Navá, der es gelingt, uralte Musiktraditionen aus Persien und Irland auf eine Weise miteinander zu verschmelzen, dass man glaubt, es hätte diesen musikalischen Hybrid schon immer gegeben, obwohl er erst vor wenigen Jahren in Dublin erschaffen wurde.

Vize-Ministerpräsident Leo Varadkar, Sohn indisch-irischer Eltern, hat 2021 in einem Beitrag für die *Irish Times* beschrieben, was es ausmacht, irisch zu sein:

»Es kam mir nie in den Sinn, dass ich etwas anderes als Ire bin. (…) Als ich älter wurde, merkte ich jedoch, dass einige andere mich als anders ansahen, wegen meines Nachnamens, wegen meiner Hautfarbe, wegen Unterschieden, von denen ich nie gedacht hätte, dass sie mein Irischsein beeinflussen würden. Irisch zu sein, bedeutete für mich gerade deshalb viel mehr, weil einige Leute versuchten, es mir abzusprechen. (…) Es gibt nicht die eine Version von Irischsein. Unsere Stärke kommt von den anderen, jeder bringt seine eigenen Talente, Ideen und Träume ein. Wir lassen uns von der Vergangenheit inspirieren, aber wir sind nicht an sie gebunden. Wir haben alle Farben und Hintergründe, jede Religion und keine. (…) Für mich bedeutet irisch zu sein einfach, dass man jemand ist, der Irland sein Zuhause nennt.«

Und wer nicht auf der Insel lebt, sich aber irisch fühlt, kann immerhin zum Iren ehrenhalber ernannt werden, wenn er die ungeschriebenen Gesetze des Irischseins erfüllt: Kartoffeln lieben, jubeln, wenn Englands Fußballteam verliert, und sich für das Wetter anziehen, das man sich wünscht und nicht für das, das tatsächlich draußen auf einen wartet.

Die Heimleuchter

Durch raue See und dunkle Nacht

Das einzige Ziel dieser Straße ist es, da zu enden, wo sich Wind und Atlantikwellen schon seit ewigen Zeiten miteinander verabreden – am St. John's Point, dem äußersten Ende einer langen Halbinsel im County Donegal. Dort haust die Freiheit in trotziger Einsamkeit, aber doch recht komfortabel in einem ehemaligen Leuchtturmwärterhaus. Dessen Annehmlichkeiten warten allerdings erst nach einer Fahrt von rund elf Kilometern auf uns, so weit ragt die Landzunge in die Donegal Bay hinein. Elf Kilometer auf einer von hüfthohem Farn und flammendroten Fuchsienhecken gesäumten Straße, die diesen Namen gemessen an den Maßstäben des ländlichen Irland vermutlich verdient, die zu befahren aber einiges an Geduld und Geschicklichkeit erfordert. Auch Kenntnisse traditioneller irischer Sprichwörter können zur Bewältigung der Strecke hilfreich sein, wenn vor einem der Fahrer eines Wohnmobils wirklich jede sich bietende Gelegenheit, in eine der Ausweichbuchten zu fahren, ungenutzt lässt. »Als Gott die Zeit gemacht hat, hat er genug davon gemacht«, lautet eine dieser in Irland oft vernommenen Redensarten, die im Alltag dringend benötigte Worte des Trostes spenden; schließlich verbringt der durchschnittliche Ire sechsundfünfzig Prozent seines Lebens hinter einem Traktor oder ist damit beschäftigt, die Gülle, die dieser über seine gesamte Windschutzscheibe gespritzt hat, zu entfernen. Die restliche Zeit rast er dann bei riskanten Überholmanövern mit Vorliebe an Touristen in nagelneuen Mietwagen vorbei, mit dem Resultat, dass die Urlauber, noch bevor sie St. John's Point überhaupt erreicht haben, bereits entschlossen sind, die Anzahl ihrer Fahrten ins Dorf auf maximal eine Tour am Tag zu begrenzen oder besser noch auf einmal in der Woche.

Bei der Ankunft am Leuchtturm empfängt uns der alte Raymond. Dass er *born, bred and buttered in Ireland* sei, hätte er nicht sagen müssen. Man sieht es ihm an. Mit dem windschiefen Gang vieler irischer Männer, die lange zur See gefahren sind und sich über Kartoffeläcker und Torffelder gebeugt haben, führt er durch die Anlage. Als ich ihm währenddessen erzähle, dass ich schon viele Male in Irland war, es aber noch nie bis nach Donegal geschafft habe, entgegnet er: »Das Beste kommt eben immer zuletzt.« Das ist neu. Bislang hieß es von Donegal immer: Wer da hochfährt, dem wachsen vor lauter Regen Kiemen. Raymond kennt diese Vorbehalte, pflegt aber offenbar eine verblüffend große Liebe zum schlechten Wetter. »Wir haben die schönsten Sandstrände Irlands, karibikblaues Meer, perfekte Wanderwege und die Klippen von Slieve League sind dreimal höher als die mickrigen Cliffs of Moher«, zählt er auf. »Das Einzige, was uns davor schützt, zu einem Mallorca des Nordens zu werden, ist der Regen.« Recht hat er. Weil man eben nie weiß, ob die irische Wettertombola für Donegal den Hauptgewinn von sechsundzwanzig Grad und Sonnenbrandrot als Trendfarbe bereithält – was aufgrund des Klimawandels tatsächlich kein Jahrhundertereignis mehr ist –, oder ob man doch wieder nur die Niete Dauerregen zieht, wird die Gischt des Massentourismus haarscharf an der Grafschaft hoch im Norden Irlands vorbeigespült. Während auf dem Ring of Kerry, der Panoramastraße rund um die Küste der Iveragh-Halbinsel, Kolonnen von Wohnwagen im Sommer den Verkehr stauen, erreicht die irische Insel in Donegal einen fast gespenstischen Grad an Verlassenheit. Steigerungsfähig ist das Gefühl der Abgeschiedenheit nur noch durch den Rückzug in den Leuchtturm am St. John's Point. Seine weiß getünchten Granitmauern bilden zusammen mit zwei L-förmigen Gebäuden einen Hof und umzingeln so den vierzehn Meter hohen Leuchtturm – allesamt bereit, Widerstand zu leisten, wenn eine teuflisch schwarze Wolkenwand die Sonne ins Abseits stellt, wütende Winde über das Dach toben und ein Trommelregen die Fenster vibrieren lässt. Doch selbst an heiteren Hochsommertagen fühlen wir uns hinter diesen dicken Mauern geschützt und geborgen, wohl auch deshalb, weil uns eine fast klösterliche Isolation umgibt. Mönchzellenkargheit im Inneren der beiden Ferienwohnungen SJ Schooner und SJ Clipper müssen wir dennoch nicht fürchten. Wie die wunderbaren Requisiten eines alten Theaterstücks inszeniert das Mobiliar ein romantisches Ambiente. Schwere Ohrensessel im Kaminzimmer, dunkle Bücherregale, ein Radio im Retrolook und ein Badezimmertraum in Meergrüntönen mit einer frei stehenden Wanne auf silbernen Klauenfüßen. Die Ausstattung der Unterkünfte ist bestens, mit zwei beachtenswerten Ausnahmen: Es gibt weder Fernsehen noch WLAN. Im antiken Sparta pflegte man ja die Tradition, Säuglinge, die bei der Geburt zu schwach erschienen, über Nacht draußen zu lassen. Verkrafteten die Babys diese Behandlung, zog man sie groß. Wer in Anlehnung an diese Methode daran denkt, die Überlebensfähigkeit der Digital Natives in seiner Familie mittels Internetentzug im Leuchtturm zu testen, kann anschließend vielleicht einen Bestseller über revolutionäre Erziehungsmethoden verfassen, oder er wird seinen Vorsatz, die elf Kilometer lange Strecke nur so selten wie möglich zu fahren, bereits nach einem Tag aufgeben müssen, um das nächste Lokal mit WLAN zu suchen. Fürs Erste aber braucht es für alles, was die Leuchtturmgäste wissen müssen, keine Internetsuchmaschine – sie haben ja Raymond, und der zeigt, wo die Ferngläser für die Walbeobachtung aufbewahrt werden, er erklärt die Handhabung des Barometers, damit man sich in der Kunst der Wettervorhersage üben kann wie einst die Wärter dieses Leuchtturms, und er weiß selbstverständlich auch, wo es die besten *fish and chips* in Killybegs gibt. Dem dortigen Fischereihafen dient der Turm am St. John's Point bereits seit hundertneunzig Jahren als Leuchtfeuer. 1825 hatten sich die Händler und Kaufleute von Killybegs zusammengeschlossen, um den Bau eines lang ersehnten Leuchtturms zu fordern, der die Nordseite ihrer Bucht markieren sollte. Nach vier Jahren Genehmigungsdauer und zwei Jahren Bauzeit konnte St. John's Point Lighthouse im Jahr 1831 endlich seinen Betrieb aufnehmen.

Die Männer, die hier ihren Dienst versahen, waren noch ganz nach Raymonds Geschmack – von allen Wettern geprüft, Einsamkeit und Entbehrungen gewohnt, kernige Burschen eben. »Schaut euch nur die modernen irischen Männer an. Sogar Farmer geben ihren Kühen heute Namen und weinen volle fünf Minuten, nachdem sie Julia Roberts zum Schlachter gebracht haben.« Auch wenn Anteilnahme nicht in das Anforderungsprofil eines Leuchtturmwärters gehört haben dürfte, hat Einfühlungsvermögen in diesem Job sicherlich nicht geschadet. Neben der Bewachung der Lampen und den routinemäßigen Reinigungs- und Wartungsarbeiten mussten sie schließlich oft die Anrufe von besorgten Ehefrauen der Fischer entgegennehmen, die sich über den Verbleib ihrer Männer auf See informieren wollten. Auch das Leben der Leuchtturmwärterfamilien war nicht leicht. Wurde der Vater zu Einsätzen auf Felsstationen wie Fastnet oder Skellig geschickt, blieben Frau und Kinder viele Wochen auf sich selbst gestellt. Oft sagten Leuchtturmwärter ihren Familien lieber nicht so genau, wann sie wieder zu Hause sein würden, denn schlechtes Wetter hat die üble Angewohnheit, Enttäuschungen zu verursachen, wenn starke Winde und stürmische See die Rückreise zum Festland unmöglich machten. Ein Gedicht aus einer

Ausgabe der Zeitschrift *Beam* der Commissioners of Irish Lights aus den siebziger Jahren beschreibt, wie schwierig die Liebe zu einem Leuchtturmwärter sein konnte:

It's off to bed alone for me,
My husband is tending the light,
Though wed I may be,
There's no comfort for me,
No love, no affection, this night

Oh it's there he must stay by night and by day,
Till the term of his duty is done …
For wedded I be, to a man of the sea,
Who is serving his fellows tonight.

Für mich geht es allein ins Bett,
Mein Mann hütet das Licht,
Obwohl ich verheiratet bin,
Gibt es keinen Trost für mich,
Keine Liebe, keine Zuneigung, diese Nacht

Oh, dort muss er bleiben bei Nacht und bei Tag,
Bis die Zeit seiner Pflicht erfüllt ist …
Denn verheiratet bin ich mit einem Mann des
Meeres,
Der heute Abend seinen Kameraden dient.

Bestimmt tat ihr Mann seine Pflicht, aber zwischendurch saß er auch bei Sonnenuntergang auf einem Felsvorsprung und beobachtete Papageientaucher, die um ihn herumspazierten, spielte mit den Mechanikern Karten oder bastelte an seinen Modellschiffen. Trotz der langen Abwesenheit von zu Hause haben die meisten Leuchtturmwärter ihre Arbeit geliebt, nicht den Dieselgeruch, den Lärm oder den Schmutz öliger Motoren, aber das Privileg, die Welt aus einer anderen Perspektive zu sehen. »*It wasn't a job, it was a way of life*«, sagen alle ehemaligen Leuchtturmwärter. Heute sehnen sich immer mehr Menschen nach dieser Art des Lebens und sind froh, wenn ihnen wenigstens für die kurze Zeit ihrer Ferien eine veränderte Sicht auf das Leben geschenkt wird. Während wir den Abwasch beim Blick auf den Atlantik erledigen, ist die Leistungsgesellschaft gerade sehr beschäftigt. Updaten, mailen, youtuben, powernappen, selbstoptimieren und shoppen und das alles global und glutenfrei. Ihr Leben wird bestimmt von Zug-, Bus- und Flugplänen, von Staumeldungen, Meetings und Friseurterminen. Am St. John's Point hingegen richten wir unser Leben höchstens nach dem Gezeitenkalender. Nichts ist hier gerade wichtiger, als einfach nur da zu sein. Der eigene Atem, das Sirren von Seeschwalben im Formationsflug und das Wispern des Windes, der uns wichtigtuerisch an den Haaren zupft – mehr ist nicht zu hören. Wenn Godot jetzt käme, würden wir ihn sofort wieder wegschicken, nur um noch ein Weilchen weiter warten zu können und auf das harte atlantische Grau zu schauen, das wie eine gigantische Fläche gehämmerten Stahls vor uns liegt.

Vor hundertneunzig Millionen Jahren entstand durch die Verschiebung zweier tektonischer Platten ein gewaltiger Abgrund, der sich stetig mit Wasser füllte, bis er ozeanische Ausmaße erreichte. Wir stehen mit Ehrfurcht und Erstaunen vor dieser Wassermasse, aber nie mit Gleichgültigkeit, und je länger man in Meeresnähe verweilt, desto stärker wird auch die Wirkung, die Wellen und Küstengetöse auf einen haben. Wer hier für einige Jahre gelebt und gearbeitet hat, konnte nicht unverändert bleiben. Es heißt, um Leuchtturmwärter zu werden, muss man kein besonderer Mann sein. Als Leuchtturmwärter wird man erst zu einem besonderen Mann.

1932 wurde der Leuchtturm am St. John's Point auf Gasbeleuchtung umgestellt und dreißig Jahre später elektrifiziert und automatisiert. Seitdem werden dort keine Wärterpersönlichkeiten mehr geformt. Die Ära der irischen *lighthouse keeper* und ihrer einzigartigen Lebensweise endete aber erst, als im Jahr 1997 der Baily am Howth Head als letzter Leuchtturm des Landes automatisiert wurde. Seit mehr als dreihundert Jahren leitet sein Licht Schiffe in den Dubliner Hafen. Alle angehenden Leuchtturmwärter erhielten hier ihre Ausbildung. Am Tag der Umstellung auf Elektronikbetrieb schrieb die *Irish Times* über Eugene O'Sullivan, bis dahin Hauptleuchtturmwärter des Baily Lighthouse, dass er »vielleicht einen Kloß im Hals gehabt habe, aber für einen Mann, dem gerade gesagt worden ist, er sei jetzt so ausgestorben wie ein Dinosaurier, zeigte er wenig Emotionen«. Von jemandem, der Jahrzehnte in Einsamkeit und Isolation seinen Dienst verrichtet hat, Hauswirtschafter, Techniker und sein eigener

Entertainer war, wird wohl kaum einer unkontrollierte Tränenausbrüche erwartet haben.

Es mag Eugene O'Sullivan und seinen Kollegen auch ein Trost sein, dass landesweit noch immer siebzig Off- und On-shore-Leuchttürme in Betrieb sind, vom Inselleuchtturm auf Inishtrahull vor Malin Head über den ältesten Leuchtturm der Britischen Inseln, den mehr als achthundert Jahre alten Hook Head am südwestlichsten Zipfel der Grafschaft Wexford, bis zum legendären Fastnet Rock im Süden Irlands, der dreizehn Kilometer vom irischen Festland entfernt auf der höchsten Stelle einer kleinen Felseninsel erbaut wurde. Jeder dieser Leuchttürme ist auf seine einzigartige Weise beeindruckend, denn jeder ist ein Unikat, bewusst anders gestaltet, um ihn von seinen Gegenstücken entlang der Küste unterscheidbar zu machen. Da gibt es hohe Granittürme, die in den Wolken rühren, kleine stämmige mit breiten Hüften, manche kegel-, andere tonnenförmige und solche, die an quadratische Festungsanlagen erinnern, gebaut in der Zeit der napoleonischen Kriege, in der man Leuchttürmen auch Verteidigungsaufgaben zudachte. Maulwurfschwarz sind die einen, schaumkrönchenweiß, gelb-schwarz gestreift oder bescheiden grau andere. Tagsüber weisen sie mit ihrem unverwechselbaren Erscheinungsbild den Weg, nachts mit ihren Lichtsignalen. Die eindeutige Unterscheidbarkeit wird durch die Farbe des Lichtes gewährleistet, durch seine Taktung, die charakteristische Abfolge von Hell- und Dunkel-Intervallen und deren Wiederkehr. Ein einzelnes Blitzen alle zwei Sekunden zeigt einem Segler, dass er in der Nähe vom Cromwell Point auf Valentia Island vor der Küste von Kerry schippert. Vier weiße Blinksignale alle zwanzig Sekunden bedeuten, dass er sich weiter nördlich befindet und sich Loop Head in der Grafschaft Clare nähert. Unterhalten von der Organisation der Commissioners of Irish Lights spielen Irlands Leuchttürme weiterhin eine wichtige Rolle für die Sicherheit der Seeschifffahrt. Zentral über Datenkabel gesteuert sind sie keineswegs Relikte aus einer nicht allzu fernen Vergangenheit. Moderne Satellitennavigation macht die alte Technik nämlich nicht überflüssig. Eine von den irischen und britischen Leuchtturmbehörden in Auftrag gegebene Studie mit dem Titel »2030: Navigating the Future« stellt fest, dass die Mehrzahl der Seeleute eine völlige Abhängigkeit vom stark störanfälligen Global Positioning System (GPS) verhindern wollen und deshalb fest entschlossen sind, sich ihre alten Fähigkeiten zur Kursbestimmung zu bewahren und Leuchttürme, Bojen und Baken zu erhalten.

Gleichzeitig gewinnen Leuchttürme eine immer größere Bedeutung für den Tourismus. Welche Anziehungskraft sie auf Irlandreisende ausüben, hat auch der Irish Landmark Trust erkannt. Der gemeinnützige Verein, gegründet mit dem Ziel, außergewöhnliche oder architektonisch wertvolle Gebäude zu bewahren, vermietet neben restaurierten Schlössern, Stallbauten und Bahnwärterhäuschen auch ehemalige Leuchtturmwärterwohnungen als Ferienunterkünfte. Dort, wo die Butlers, Nelsons, O'Donnels, Redmonds, McFauls und Fitzgeralds lebten – all die unvergessenen Leuchtturmwärterfamilien Irlands –, können nun Touristen die maritime Geschichte an den Orten ihres Geschehens erleben. Die vielen Würdigungen im Gästebuch von St. John's Point zeugen vom großen Erfolg dieses Projekts. In einem besonders schwärmerischen Eintrag vergleicht eine französische Urlauberin die Strahlen des Leuchtturms mit der ausgestreckten Hand eines Freundes, die durch die Finsternis gereicht wird – und das alle sechs Sekunden. Das ist der Puls des Leuchtturms, das Intervall, in dem sein blendend weißes Licht vierzehn nautische Meilen weit hinaus aufs Meer scheint, aber gleichzeitig auch den gesamten Innenhof vor dem Schlafzimmerfenster blitzartig erhellt. Durch einen kleinen Spalt im Vorhang hindurch blinkt so die rhythmische Botschaft »Alles gut, ich bring auch euch sicher durch die Nacht!«

Der neue Küstenmorgen am St. John's Point beginnt dann mit hallenden Möwenschreien, mit Salz gewürzten Winden und Wellenrauschen – drei der allerbesten Arzneien gegen Weltverdruss. Die Macht des Mondes lässt gerade die Atlantikwellen weichen, und in den Felsterrassen bleiben viele mit Wasser gefüllte Kuhlen zurück – lauter kleine Meeresaquarien voller bunter Kuriositäten. Die auffälligsten Wesen darin sind tiefrote Seeanemonen. Auf dem Trockenen sehen sie mit eingezogenen Tentakeln wie geleeartige Klopse aus, im Wasser aber stülpen sie ihre Fangarme strahlenförmig nach außen. Vor allem auf kleine Krebstiere haben sie es abgesehen. Bislang ohne Erfolg. Nebenan huschen winzige Fische durch wedelnde Seetangsträhnen. Eine dicht bevölkerte Schneckenhaussiedlung schickt perlmuttfarbenes Leuchten vom Grund des Beckens hinauf, und als ich meine Hand ins Wasser tauche, flüchtet eine Krabbe in die Dunkelheit ihres Felsverstecks zurück. Dafür nähern sich zarte, fast gläserne Garnelen, eigentlich sehr schreckhafte Wesen, doch wenn man ruhig hält, tänzeln sie einem über die Finger und wir erleben Momente der völligen Absorption. Wie recht Jacques-Yves Cousteau doch hatte: *The sea, once it casts its spell, holds one in its net of wonder forever.* Je länger wir dasitzen und schauen, umso mehr sehen wir. *Rock pooling* nennen Iren und Briten das Erkunden solcher Felsenbecken, und wir freuen uns während unserer morgendlichen *Rock-pool*-Expedition darüber, dass uns das kindliche Entdeckertalent im Erwachsenenalter nicht verloren gegangen ist. Küsten ermöglichen uns eine Rückkehr in eine Zeit, in der nichts wichtiger war als das, was wir gerade zum allerersten Mal in unserem Leben gemacht oder gesehen hatten. So wie damals blicken wir nun so lange mit wetterleuchtenden Augen auf einen grüngelben Algenstrudel und die darunter verborgene Welt, bis die Flut einsetzt und der Atlantik in langen Wellen ans Ufer spült. Zusammen mit dem Wasser rückt auch eine Armada aus schwarzgrauen Wolkenschwämmen an. Sie ballen sich über St. John's Point zusammen, pressen sich bis zur letzten Sintflutträne aus und erteilen den Leuchtturmgästen Hausarrest. Wie lang der ausfällt, ist ungewiss. Gut, dass es die Carnegie-Box im Leuchtturm gibt.

Die geht auf den Geschäftsmann Andrew Carnegie zurück – einer der reichsten Menschen des frühen 20. Jahrhunderts und ein äußerst großzügiger Philanthrop. Mit seiner verarmten schottischen Familie war der dreizehnjährige Andrew nach Amerika ausgewandert und schaffte es dort vom Malocher in einer Baumwollfabrik zum Großindustriellen. Als er im Jahr 1901 all seine Aktien verkaufte und sich mit einem Vermögen von hundert Millionen Dollar in den Ruhestand setzte, gehörte er zu den reichsten Männern der Welt. Überzeugt davon, dass »ein Mann in Schande stirbt, wenn er Millionen von Dollar hinterlässt, die er zu Lebzeiten zum Wohle der Menschheit hätte verwenden können«, spendete Carnegie die sagenhafte Summe von sechzig Millionen Dollar für den Bau und die Ausstattung von über zweitausend Bibliotheken in englischsprachigen Ländern. Die Leiter einiger irischer Carnegie-Bibliotheken schenkten jeder Leuchtturmstation einen eigenen Bücherschrank aus Eichenholz, der regelmäßig mit neuen Werken aufgefüllt wurde. Vielen Leuchtturmwärtern verkürzte die Lektüre aus der Carnegie-Box so manche lange Nacht und den heutigen Feriengästen die Zeit, bis die Sonne wieder über einen frisch gewaschenen duftigen Himmel tanzt. Dann aber hat man sich längst an das Muscheldasein im Leuchtturm gewöhnt. Abgeschottet und gut verborgen hört man dem Wind zu, redet mit Möwen, sucht den Horizont nach Schiffen und Walen ab und wartet darauf, dass die Nacht Irland unter ihre Fittiche nimmt und der Leuchtturm sein überhelles Licht als strahlend weißen Pfad über die dunklen Wellen legt. Dann wird St. John's Point wieder zu dem Ort, an dem man mit seinen Träumen von einem ganz anderen Leben ankern kann.

Vier Pfoten für Irland

Die Revolution frisst ihre Hunde

> *The social contract between humans and dogs might be the best bit of business we have ever done.*
>
> PAUL HOWARD

Dublin befand sich im Lockdown. Alle Straßen waren abgeriegelt, und zwischen Mitternacht und fünf Uhr morgens galt eine Ausgangssperre. Der Unabhängigkeitskrieg gegen die britische Regierung tobte bereits im zweiten Jahr. Es hätte günstigere Zeiten gegeben, seinem Hobby zu frönen, doch der Blue Terrier Club veranstaltete allen Widrigkeiten zum Trotz am 16. Oktober 1920 die allererste Hundeshow in seiner Vereinsgeschichte. Initiiert wurde sie von dem Mann, der am selben Tag seinen dreißigsten Geburtstag feierte und auf den die Briten ein Kopfgeld von zehntausend Pfund ausgesetzt hatten – Michael Collins. Collins, Spitzname: The Big Fellow, war einer der wichtigsten Führer des Unabhängigkeitskampfes, Vorstandsmitglied von Sinn Féin und Leiter des IRA-Geheimdiensts. In jedem Dorfpub, der etwas auf sich hält, findet man noch heute eine gerahmte Fotografie von Michael Collins in Uniform. Als Soldat und charismatischer Staatsmann ist er im kollektiven Gedächtnis Irlands gespeichert, doch an den leidenschaftlichen Hundezüchter Michael Collins erinnern sich nur noch wenige. Wie viele junge Nationalisten hatte er ein besonderes Faible für Kerry Blue Terrier. Sie galten als temperamentvoll und unverfälscht, und, was noch wichtiger war, sie wurden als eine der neun in Irland heimischen Hunderassen nicht mit den britischen Besatzern in Verbindung gebracht. Nach Erreichen der Unabhängigkeit von Großbritannien wollte Collins diese Terrierart sogar zum Nationalhund des neuen Irischen Freistaats ernennen.

Welch Karriere für ein Tier, das keinen eindeutigen Abstammungsnachweis erbringen kann. Die genaue Herkunft der Kerry Blues liegt im Nebel irischer Geschichte verborgen. Die Legende besagt, dass es einem portugiesischen Wasserhund, der sich auf einem Schiff der Spanischen Armada befand, nach dessen Kentern gelungen war, sich an die Küste der Grafschaft Kerry zu retten. Das samtweiche Fell des Tieres begeisterte die örtlichen Bauern so sehr, dass er sich mit allen Hündinnen der Wheaten-Terrier-Rasse paaren durfte. Heraus kam der Kerry Blue, ein mittelgroßes Tier mit flachem Schädel, tiefer Brust und einem weichen, lockigen Fell in verschiedenen Blauschattierungen, der sich als perfekter Rattenfänger, Hüte- und Jagdhund entpuppte. Wegen seiner kleinen Knopfohren und dem zottigen Kinnbart wirkt er nicht gerade heldenschön, sondern eher clownesk, aber wie die Iren zu sagen pflegen: *It takes all kinds to make a world.* – Es braucht alle Arten, um eine Welt zu schaffen; und schließlich galt Michael Collins' Bewunderung für diese Hunde weniger ihrem Aussehen als ihrem Wesen: absolut loyal, heißblütig, furchtlos und eigensinnig, echte Iren eben. Tatsächlich sah Collins in den Kerry Blues die vierbeinige Verkörperung des irischen Geistes und stellte den Patriotismus damit auf vier Pfoten. James Joyce war es, dem die Idee, mit einem reinrassigen Stammbaum die irische Nation zu beschwören, so lächerlich und zum Scheitern verurteilt schien, dass er sie in seinem Roman »Ulysses« persiflierte. Die Figur des bösartigen irischen Nationalisten, The Citizen genannt, wird von einem ebenso garstigen Hund namens Garryowen begleitet. Garryowen ist kein Kerry Blue Terrier, sondern ein *»red setter wolfdog«*, also eine »verdammte räudige Mischung« aus mindestens zwei anderen Hunderassen. Da hilft es auch nichts, dass The Citizen ausschließlich auf Irisch mit Garryowen spricht und gegen alles hetzt, was ihm fremd erscheint – Hund und Herrchen haben beide so viele verschiedene Einflüsse geerbt, dass sie für Vielfalt, aber sicher nicht für so etwas wie die Reinheit von Rasse oder Kultur stehen. Die nationale Bewegung um Michael Collins aber setzte im Kampf gegen die Briten alles daran, ein irisches Irland, eine nationale Identität zu konstruieren.

Deshalb kann auch die Dubliner Hundeausstellung im Oktober 1920 als Teil ihres Strebens um Unabhängigkeit gewertet werden. Nun sollte man meinen, dass lockige Hütehunde und Revolution etwa so gut zusammenpassen wie Kamillentee und Kokain, doch schon die Gründung des irischen Terrier-Clubs war der erste Schritt einer kynologischen

Rebellion gegen die britische Herrschaft. Bis dahin bestimmten ausschließlich englische Vereine die Zuchtstandards, sodass die Rassehundewelt vom britischen Establishment dominiert wurde. Um das zu ändern, riskierte einer der meistgesuchten Männer Irlands also seine Tarnung und nahm an der Hundeshow mit seinem Kerry Blue namens Convict 224 teil, eine Referenz an einen anderen Unabhängigkeitskämpfer, der diese Nummer als Gefängnisinsasse trug. Convict 224 belegte den ersten Platz. Den Siegerpokal nahm Collins ausgerechnet aus den Händen des britischen Hauptmanns Wyndham Quinn entgegen. Wie die Mehrzahl der anwesenden Briten hätte wohl auch Quinn den Iren am liebsten tot gesehen, daher ist es kaum vorstellbar, dass Michael Collins während der Show von niemandem erkannt worden sein soll.

Will man irischen Terrier-Freunden glauben, hat das Hundezüchter-Ethos dazu geführt, dass sich die Liebe zum Vierbeiner einen Abend lang über alle menschlichen Feindschaften hinwegsetzte und es zu einem Waffenstillstand kam. Zwei Inselvölker, geeint darin, auf der falschen Seite Auto zu fahren, sich bei dreizehn Grad ein Sonnenbad in Unterwäsche zu gönnen und an eine Volksmedizin zu glauben, die gegen Keuchhusten empfiehlt, dreimal unter dem Bauch eines Eselfohlens hindurchzukrabbeln – warum sollte man daran zweifeln, dass sie einen mit äußerster Brutalität und Guerillataktiken geführten Krieg aussetzen, um sich gegenseitig ihre Terrier zu zeigen? Dank Michael Collins' Hundespleen galt der Kerry Blue irischen

Nationalisten jedenfalls bald als Maskottchen der Revolution, und Collins selbst trug noch zur Steigerung der Beliebtheit bei, indem er die Hunde verschenkte. Sogar Lord Birkenhead, ein Mitglied der britischen Delegation, mit der Collins den Anglo-Irischen-Vertrag aushandelte, bekam einen kleinen Terrier als Präsent.

Zwar brachte der Vertrag einem Großteil der Insel die Unabhängigkeit von Großbritannien, enttäuschte die Erwartungen vieler Iren aber dennoch und führte im Sommer 1922 zum Ausbruch des Irischen Bürgerkriegs. Ende August desselben Jahres reiste Michael Collins durch die Grafschaft Cork, eine Hochburg seiner Rivalen. In jedem der hiesigen pubs finden sich Gäste, die einem erzählen können, als wären sie selbst dabei gewesen, wie der Big Fellow seine Wagenkolonne anhalten ließ, weil er in Bandon eine Frau mit ihrem Kerry Blue gesehen hatte, die dort spazieren ging. Er sprach mit ihr über ihren Hund, streichelte ihn ausgiebig und setzte seine Fahrt fort in Richtung Béal na mBláth, eines kleinen Dorfes südlich von Macroom. Dort geriet er in einen Hinterhalt der sogenannten *Irregulars*, Anhänger der IRA, die den anglo-irischen Vertrag nicht akzeptieren wollten und nun das Feuer auf den Konvoi ihres einstigen Kameraden eröffneten. Beim folgenden Schusswechsel wurde Collins tödlich am Kopf getroffen. Er starb mit gerade einmal zweiunddreißig Jahren. Nur das Herrchen zog in die Ruhmeshalle der irischen Geschichte ein, sein Lieblingshund musste draußen bleiben. So halten viele Irlandbesucher den Border Collie für den irischen Nationalhund, ausgerechnet. Old Hemp, der Stammvater dieser intelligenten Hütehunde, kam nämlich aus dem Grenzland zwischen England und Schottland, war also ein Brite. Noch dazu war der Border Collie gezüchtet worden, um bei Nacht und Nebel die Schafe feindlicher Clans zu klauen. Und so einer hat nun Michael Collins' Lieblingshund den Rang abgelaufen. Nicht schlimm, finden Fans des Kerry Blue. Nicht nur, dass den Terriern das Schicksal eines Modehundes erspart geblieben ist, es sei auch nicht jedem gegeben, to be owned by a Kerry, einem Kerry zu gehören. Um sich als Eigentum eines Hundes zu begreifen, ohne Minderwertigkeitskomplexe zu entwickeln, braucht es mindestens die Größe eines irischen Nationalhelden, eines Big Fellow eben.

Nichts Neues im Norden?

Was vom Gestern übrig blieb

The Irish and the British get on better with each other than with anyone else, but they would both rather die than admit it.
Irische Redensart

»Schau mal, das hatten wir auch« ist vermutlich der Ausruf, den Pat Kelly von seinen Besuchern am häufigsten hört. Alte Radios und Analogkameras, Wählscheibentelefone, Wecker und Küchenutensilien – in einem alten Schuppen in der kleinen Ortschaft Kilcurry ist versammelt, was der siebzigjährige Pat über Jahrzehnte zusammengetragen hat. Wann genau er damit anfing, weiß er gar nicht mehr zu sagen. Die Dinge haben sich einfach so lange im Haus der Familie gestapelt, bis seine Frau das Durcheinander auf ihren Schränken und Regalen nicht mehr ertrug und vorschlug, alles nach nebenan in den Schuppen zu bringen. So entstand das Museum of the Border, von Pat einfach »The Shed« genannt. Die ausgestellten Alltagsgegenstände erzählen die Geschichte der Gegend, in der Pat aufwuchs. Weil Kilcurry aber nur wenige Kilometer von Nordirland entfernt liegt, ist es auch die Geschichte vom Leben in der Grenzregion, und die weckt nicht nur nostalgische Erinnerungen.

Eben noch freuen sich Besucher über das Wiedersehen mit Plattenspielern, Zapfhähnen, Straßenschildern und einer Rechenmaschine, die in der Kathedrale von Dundalk zum Zählen der Kollekte verwendet wurde, kurz darauf befremdet sie der Anblick von ausgemusterten Gewehren, Gummigeschossen, Handgranaten und Schlagstöcken. Bedrückende Hinterlassenschaften aus den Zeiten der *Troubles*. Zeiten der Schwierigkeiten – eine allzu harmlos klingende Bezeichnung für den dreißig Jahre andauernden bürgerkriegsartigen Kampf, dem mehr als dreieinhalbtausend Menschen zum Opfer fielen. Die Archäologie dieses Konflikts führt weit in die Vergangenheit zurück. Nach acht Jahrhunderten britischer Besatzung, der völligen wirtschaftlichen und politischen Entrechtung der irischen Bevölkerung, brutal niedergeschlagenen Rebellionen und einem blutigen Unabhängigkeitskrieg sollte im Jahr 1920 der Government of Ireland Act endlich Frieden bringen. Dieses Gesetz gewährte den Iren einiges an Autonomie, besiegelte aber auch die Teilung der Insel. Sechsundzwanzig Grafschaften gehörten fortan zur Republik Irland im Süden, sechs bildeten den neuen nordirischen Staat, der sich zu einem protestantischen, von der pro-britischen DUP-Partei dominierten Gebilde entwickelte, in dem die irisch-katholische Minderheit sozial, politisch und kulturell diskriminiert wurde. Gegen diese Benachteiligung entstand in den sechziger Jahren in Nordirland eine Bürgerrechtsbewegung, deren gewaltsame Niederschlagung durch Polizei und britische Armee direkt in den *Troubles* mündete.

Ging es also um Religion, um Verfassungsfragen und Menschenrechte? War es ein Befreiungskampf gegen die britischen Besatzer oder handelte es sich um ein Terrorismusproblem? Durchgesetzt hat sich leider die simpelste Gleichung: Hier die Protestanten, die ihre volle britische Identität verteidigen wollen, dort die Katholiken, die ein vereintes Irland anstreben. Eine gefilterte und seltsam begrenzte Version der Vergangenheit, die sich auf leicht zu merkende Hauptereignisse konzentriert und Vorfälle, die einfachen Wahrheiten entgegenstehen, wenig beachtet. So beteiligten sich beispielsweise katholische Iren, die in den britischen Streitkräften dienten, an der Niederschlagung irischer Nationalistenaufstände, während sich auf der Seite der Rebellen oft auch Protestanten befanden, die andere Ideen für ihr Land hatten als die Londoner Regierung. Dass die Idee der katholischen Iren zur Schaffung einer freien Republik ausgerechnet von protestantischen Führern der UnitedIrishmen befürwortet wurde, ist ebenso kurios wie die Unterstützung des Papstes für den englischen König William III., als dieser den katholischen König James II. 1690 in der Schlacht am Boyne besiegte.

Die Autoren Dutzender Zeitungsartikel an den Wänden des Grenzmuseums folgten jedoch auch alle lieber der binären Erzählung von den beiden großen feindlichen Lagern. Ein Bericht aus den späten siebziger Jahren ist mit einem Foto von Pat bebildert. Es zeigt ihn, wie er mit einem Bagger Barrikaden räumt, die von der britischen Armee errichtet wurden. »Wir entfernten sie, und die Briten kamen zurück und stellten sie wieder auf. Ein Katz-und-Maus-Spiel«, erzählt Pat. »Es endete erst, als ich bei einer weiteren Räumaktion plötzlich feststellte, dass meine Kumpels alle fort waren und ich allein einem Mitglied der britischen Fallschirmjäger gegenüberstand. Der bat mich freundlich zu gehen, wenn es mir lieb wäre, meinen Kopf auf den Schultern zu behalten.« Die Komik dieser wahren Anekdote kippt schnell ins Bitterernste. Alle Geschichten, die Pat von seinem Leben in der Grenzregion erzählt, sind eindrücklicher als jede marmorglatte Gedenktafel. Besonders stolz ist er auf ein Spinnrad, das in einem Hochsicherheitsgefängnis für Mitglieder der IRA (Irish Republican Army) gefertigt wurde, und auf eine Uniform der britisch-nordirischen Polizei RUC (Royal Ulster Constabulary). Zwei Stücke, die beide Seiten des Konflikts repräsentieren. Das ist Pat ebenso wichtig wie die Entsorgung verschlissener Stereotypen. Die Briten sind nicht alle Räuber, Mörder und Tyrannen. Die Iren kein Volk voller Heiliger, Helden und Märtyrer. Weil die Ausstellungsstücke den Fokus dennoch auf die *Troubles* legen, wiederholt sich in Pats Schuppen die alte Leier vom brutalen Leben in Nordirland. So ändert ein Besuch leider auch nichts daran, dass Belfast und Derry in der Vorstellung vieler Menschen nur andere Namen für Explosionen, Stacheldraht und Straßenschlachten bleiben.

»Irlands Geschichte ist etwas, an das die Engländer sich erinnern und das die Iren vergessen sollten.« Eine Weisheit, die Unmögliches vorschlägt. Der Konflikt hat so viele Biografien und

Persönlichkeiten geprägt, dass es nicht gelingen kann, sie von diesem Teil ihrer Vergangenheit zu lösen, zumal es Gruppen gibt, denen ein Nordirland ohne belastende Erinnerungen gar nicht gefiele. »Ich fühlte mich, als hätte Belfast endlich das Rauchen aufgegeben. Eine fünfundzwanzig Jahre alte Gewohnheit von hundert Zigaretten pro Tag hatte gerade aufgehört. Ich fürchtete mich vor dem Entzug. Was sollten wir jetzt mit unseren Nachmittagen anfangen? Wie sollten wir cool aussehen?« Dieses Zitat aus Colin Batemans Roman »Belfast Confidential« bringt das Problem auf den Punkt. Nordirlands Markenzeichen war die Gewalt. Um die nach dem friedenschließenden Karfreitagsabkommen von 1998 hinter sich zu lassen, konnten die Sektierer von einst nicht einfach ihre ideologischen Sicherheitsgurte abschnallen und mit einem Identitätsvakuum weitermachen. Eine kühl kalkulierende Tourismusindustrie erschwert die Neuorientierung zusätzlich. Weil sich das gewalttätige Image so grandios vermarkten lässt, pflegt sie es mit History-of-Terror-Touren. Die führen in Belfast zu Plätzen, an denen sich Ereignisse der *Troubles* zugetragen haben. Eine gruselige Kirmesfahrt zu Schauplätzen von Bombenanschlägen, zu martialischen Wandbildern von Hungerstreikhelden und maskierten Attentätern und zu protestantischen und katholischen Wohnvierteln, die immer noch durch hohe Mauern aus Beton, Metall und Drahtgeflecht voneinander getrennt sind. Fast jede Straßenecke ein mörderischer Ort.

Es ist die nordirische Variante des Dark Tourism.

So lautet die Bezeichnung für den Besuch von Stätten, die mit Tod, Tragödien, Gewalt, Leid und Schmerz verbunden sind. Die Belfaster *Troubles*-Touren stehen auf einer makabren Liste von Reisezielen wie die Killing Fields in Kambodscha, die Sperrzone rund um das AKW in Tschernobyl, Auschwitz oder Ground Zero in New York. So kommt Nordirlands Hauptstadt seiner Verpflichtung nach, gefährlich zu wirken und die Lust seiner Besucher am Schrecklichen zu befriedigen. Gleichzeitig verwehrt es seinen Bürgern ein normales Dasein, denn wer versucht, ein Leben zu führen, das nicht mehr durch den Konflikt definiert ist, wird täglich aufs Neue durch Reisebusse daran erinnert. Belfast ist unheilbar krank, weil die *Troubles* mittlerweile als Teil des kulturellen Erbes akzeptiert sind. Dabei ist Nordirland doch so viel mehr als dieser Konflikt. Die Menschen dort sind ebenso freundlich wie im Süden, die Landschaften genauso schön, die Straßen oft besser und das Wetter ist nicht schlechter. Statt an das Naturwunder der sechseckigen Basaltsteine am Giant's Causeway, an menschenleere Hochmoore oder die romantischen Täler der Antrim Coast denken wir jedoch an Politiker mit Schaum vor dem Mund und an eine Zollgrenze in der Irischen See. Brexit heißt der Schuldige, der sich mit Nordirland etwa so gut verträgt wie Zündholz und Zapfsäule. Mit fünfundfünfzig Komma acht Prozent hatte eine Mehrheit der Nordiren für einen Verbleib in der EU gestimmt, allerdings gab es bei dem Votum eine eindeutige konfessionelle Spaltung. Während fünfundachtzig Prozent der katholisch-nationalistischen Wähler sich gegen den Brexit entschieden, waren es nur vierzig Prozent der unionistischen Protestanten. Der Bruch zwischen beiden Gruppen vergrößerte sich weiter, als bei den Parlamentswahlen im Mai 2022 die nationalistische Sinn Féin zum ersten Mal in der Geschichte des Landes als stärkste Kraft hervorging. Prompt versprach Parteichefin Mary Lou McDonald eine Abstimmung über den Zusammenschluss von Nord und Süd binnen fünf Jahren. Die britisch-protestantischen Gegner dieser Reunion quälen sich derweil mit der Frage, was ihre trotzige Treue zu Großbritannien noch wert ist, wenn sie dort offenbar niemand mehr will, und in London verkommt die Tory-Regierung zu einer Ausschankstelle für politischen Wahnwitz. Nicht wenige Nordiren verstehen sich wieder nur als Unionisten oder Republikaner, Loyalisten oder Nationalisten, Oranier oder Papisten, bereit, den Gegner zu bekämpfen. Nordirland, schreibt der Journalist der *Irish Times* Fintan O'Toole, erinnere ihn an Sartres Drama »Geschlossene Gesellschaft«. Es erzählt von drei Menschen, die nach ihrem Tod zur Hölle fahren. Dort erwarten sie jedoch weder Teufel noch Feuer, sondern nur ein leerer Raum und die Aussicht, für alle Zeit miteinander leben zu müssen. Jeder Einzelne ist dazu verdammt, die anderen zu peinigen und selbst gepeinigt zu werden. »Die Hölle, das sind die anderen.«

Eine neue Geschichte muss her, und deren erstes Kapitel wird eingeleitet durch eine Umfrage aus dem Jahr 2021. Demnach würde in der Republik eine Mehrheit von zweiundfünfzig Prozent eine Wiedervereinigung zwar irgendwann gerne sehen, aber besonders wichtig sei sie nicht. Die meisten Nordiren beschäftigen Themen wie Arbeitsplätze, Wohnungsbau und Bildung weit stärker als die Frage, ob ihre Regierung in London oder in Dublin sitzt. Noch bedeutsamer für die Neuerzählung Nordirlands dürfte die massenhafte Verschmelzung verschiedener Identitäten sein. Eines der prominentesten Beispiele für diese Vielschichtigkeit ist der ehemalige Rugby-Spieler Andrew Trimble, der sich als Nordire, Ire, Brite, Europäer und Nordküstenbewohner sieht und dafür plädiert, das Schwarz-Weiß-Bild, das von seinem Land gezeichnet wird, endlich zu korrigieren. Während das Britischsein im Norden damit weiter an Bedeutung verliert, durchläuft das Irische dort eine überraschende Weiterentwicklung, wenn protestantische Kinder der traditionellen Nationalsportart Gaelic Football frönen oder die nordirische Band Kneecap mit Rap-Gesang in irischer Sprache diesen Teil der Kultur aus der verstaubten Ecke ländlicher Räume holt. In Nordirland ist längst etwas Eigenes entstanden, das sich von Großbritannien ebenso unterscheidet wie von der Irischen Republik im Süden. Das muss erzählt werden, damit es endlich darum geht, was kommen wird, und weniger um das, was gewesen ist.

Vergangenheit ist in Nordirland viel zu lange der praktische Schmierstoff für die politischen Zwecke der Gegenwart gewesen. Deshalb wollen einige sie auch nicht vergehen lassen. Wohl niemand aber würde von ihr als der guten alten Zeit sprechen, auch Pat Kelly nicht. Sein Grenzmuseum zeigt, was die *Troubles* tatsächlich sind – ungeliebt, überflüssig, vorbei. Waffen, Uniformen und Grenzschilder waren längst entsorgt – Abfälle der Bürgerkriegsgeneration. Erst der Akt des Aufbewahrens und der musealen Bearbeitung hat sie geadelt und zu Exponaten der nordirischen Kulturgeschichte gemacht. Hoffentlich sammelt Pat noch lange weiter, damit man irgendwann mit Melancholie im Blick vor MP3-Playern, Yogamatten und Wok-Pfannen stehen und von damals schwärmen kann, als es noch Münzgeld gab, die ersten Rasenmähroboter die Vorgärten in Kilcurry pflegten und über Brexit-Witze gelacht wurde. Das wird dann die alte, friedliche Zeit in Nordirland gewesen sein.

Der siebte Sohn des siebten Sohnes

Mit Löffeln zum Friedhof

> *Believe in miracles and cures and healing wells.*
>
> SEAMUS HEANEY

Die Lage in Belfast ist brenzlig. Malaria, Fleckfieber, Typhus und Cholera – ist mir trotz mancher Fernreise alles erspart geblieben. In Nordirlands Hauptstadt setzen mir nun aber Schmerzen im rechten Ohr samt Hörverlust so heftig zu, dass ich sie nicht als qualvolles Souvenir mit nach Hause nehmen kann, sondern sofort medizinische Hilfe benötige. Auf einen Facharzttermin dürfe ich nicht hoffen, meint B & B-Besitzerin Ashley, als ich sie um Rat frage. Was dann? Ins Krankenhaus? Ashley nimmt mehrere Atemzüge lang Anlauf und fragt dann: »*Do you know ›the cure‹?*« Ja, ich habe von *the cure* gehört, auf einigen irischen Inseln und in abgelegenen Dörfern an der Westküste, wo Hund, Katze und Schaf zum Veterinärmediziner gebracht werden, Mensch aber mit allem, was ihn plagt, entweder zum *holistic healer* geht oder zu einem Eingeweihten, der *the cure*, also das Heilmittel hat, manchmal auch *the charm*, der Zauber, genannt.

Dahinter verbirgt sich eine kühne Kombination aus Glauben, Aberglauben, Mystik, Naturmedizin und eine Prise Harry Potter, denn ohne Magie wäre es nur der halbe Spaß. Meist legt der Heiler seine Hände oder einen heilsamen Gegenstand auf die schmerzende Körperstelle, spricht einige geheime Gebete oder Zauberformeln und lässt den Kranken spezielle Riten ausführen. Gern muss irgendetwas vergraben werden, ein Stück Fleisch, Schilffasern oder ein Faden der eigenen Kleidung. Wenn die Dinge dann verwest und verrottet sind, haben sich auch Depressionen, Ausschläge und Warzen aufgelöst. Eine Bezahlung als Gegenleistung ist für Heiler tabu. Sie werben auch nicht mit ihrer Fähigkeit. Das Wissen, wer das Heilmittel hat, ist in den Gemeinden ohnehin weit bekannt, aber kein Small-Talk-Thema im *pub*. Nur bei Bedarf wird man von einem Freund oder Familienmitglied darin eingeweiht, wer über *the cure* verfügt. Meist ist das Mittel nur einen Anruf entfernt, auch in Belfast. Die Freundin ihrer Schwester wisse, was gegen Mittelohrentzündung zu tun sei, erklärt Ashley, vielleicht könne sie ja auch mir helfen. Dass sich Volksmedizin als ein alternatives Konzept der Gesundheitsfürsorge auf dem Land auch im 21. Jahrhundert noch halten kann, weil die nächste Arztpraxis weit entfernt ist, verstehe ich, aber warum in Belfast?

Ashley greift zum Mobiltelefon und ich nehme den Notausgang der Furcht – die Ausrede. »Wenn es der siebte Sohn des siebten Sohnes wäre, Ashley, dann würde ich es wagen, sonst lieber nicht.« Die sieben Tage der Schöpfung, sieben Tugenden, sieben Todsünden – die biblische Bedeutung der Zahl Sieben lässt viele Iren glauben, dass den siebten Söhnen aus einer ununterbrochenen Familienlinie ohne zwischengeborene weibliche Geschwister besondere Kräfte verliehen wurden. Gilt der siebte Sohn schon als großer Heiler, über welche Kräfte muss dann der siebte Sohn des siebten Sohnes verfügen? Nun sind die irischen Familien inzwischen kleiner geworden und siebte Söhne wesentlich seltener, was aber, wenn Ashley jetzt einfach sagt »Kein Problem, ich ruf Harry an«?

Einen Harry kennt sie nicht, weiß aber, dass die Freundin ihrer Schwester es auch draufhat. Ihre Gebete, Zaubersprüche und Kräutertinktur-Rezepte seien schließlich uralt, weitergereicht über viele Generationen. Der Legende nach besaßen einst die Zisterzienser alle Heilmittel, doch aus Angst vor Invasoren verteilten die Mönche sie heimlich zur sicheren Aufbewahrung an verschiedene Familien in ganz Irland. Ein Vorfahre der besagten Freundin erhielt also irgendwann im tiefsten Mittelalter *the cure* gegen Mittelohrentzündung. Das ist beeindruckend. Ein kranker Reisender lernt Land und Leute eben noch einmal ganz anders und intensiver kennen, denke ich, als ich am nächsten Morgen nicht der Freundin von Ashleys Schwester, sondern der finsteren Realität eines nordirischen Krankenhauses gegenüberstehe.

Eingeschüchtert durch einen grimmigen Pförtner und die Endzeitstimmung auf gelb gekachelten Fluren, lege ich die Messlatte meiner Erwartungen schnell um einiges tiefer. Der Schmerz muss mir ins Gesicht geschrieben sein, trifft bei jedem, den ich nach der HNO-Abteilung frage, aber auf wortkarge Abgestumpftheit. Als ich die richtige Station schließlich erreiche, fahren alle Hoffnungen dahin. Das Büro des leitenden Stationsarztes ist der Wiedergänger eines bundesdeutschen Einwohnermeldeamts der siebziger Jahre. Hier steht rein gar nichts im Dienst der Daseinsverbesserung. Auf den Fensterbänken fangen lebensmüde Topfpflanzen Staub, vergilbte Patientenakten stapeln sich zu schiefen Türmen und es fehlt nicht einmal der drehbare Stempelträger. Den meisten Platz beansprucht ein klobiger Computer mit Diskettenlaufwerk, zurückgeblieben als Statthalter eines Fortschrittsversprechens, das nur kurz noch mal wegmusste und dann nie wieder kam. Inmitten dieser angeschimmelten Verhältnisse wartet eine Sekretärin immer noch auf bessere Zeiten, aber nicht auf mich. Ohne Termin lässt sie sich Patienten nicht bieten, da helfen auch meine strategischen Demutsbekundungen nichts. Die Herrscherin der HNO-Abteilung macht kurzen Prozess und erklärt im Tonfall einer Erziehungsberechtigten, der keine weiteren Diskussionen zulässt, einfach ihre Nichtzuständigkeit. So sieht es also aus, das kleinliche Gesicht des nordirischen Gesundheitswesens. Das würde ich ihr gerne sagen, aber das Problem mit Fremdsprachen ist, dass man nur sagt, was man sagen kann, und nicht, was man eigentlich gern sagen möchte.

Statt zum Facharzt werde ich in die Notaufnahme abkommandiert. Schicksalsergeben brüten dort bereits zwei Dutzend Menschen ihrer medizinischen Begutachtung entgegen. Nach zwei Stunden wacht der alte Mann, der neben mir sitzt, auf, schaut sich um im Wartesaal und stellt fest:

»So dankt Gott einem also all die Bußen und Gebete – mit Verbrennungen, Koliken und Knochenbrüchen.« Ich möchte entgegnen, dass das Elend oft auch an zu vielen Portionen *fish and chips* und an noch mehr *pints* liegt, aber da hat er die Augen bereits wieder geschlossen, und ich werde endlich ins Untersuchungszimmer gebeten. Dort wartet der Stimmungshochhalter der Notaufnahme auf mich. »Alles kein Problem«, befindet er und lacht, nicht aufmunternd, sondern so, als hätte er gerade einen besonders gelungenen Witz gerissen. Mit gutmütiger Grimasse und linkischen Bewegungen leuchtet er mir kurz in den Gehörgang, dann noch einmal und noch ein drittes Mal. Das hat mehr von »Jugend forscht« als von professioneller Routine. »Doch ein Problem«, stellt er schließlich fest und beendet sein medizinisches Täuschungsmanöver mit der Diagnose: Trommelfellriss. Blut verstopfe meinen Gehörgang. Er rate, daheim dringend einen HNO-Arzt aufzusuchen und auf keinen Fall zu fliegen. Auf dem Weg nach draußen entdecke ich auf einer Tür einen Aufkleber mit der Aufschrift: »Ich weiß genug über das Leben, um den Tod nicht ernst zu nehmen.« Das Büro des Stimmungshochhalters?

Die Liste der Länder, in denen ich mir eine hervorragende medizinische Behandlung vorstellen konnte, wurde nicht von Nordirland angeführt, auch nicht von der Republik Irland. Nun aber macht ein Krankenhausbesuch in Belfast eine Inventur meiner Illusionen nötig und plötzlich rangiert die medizinische Versorgung in Indien, wo ich eine exzellente Behandlung einer bösen Virusinfektion erfuhr, sogar weit vor dem irischen Gesundheitssystem. Als hätte sie mein verzichtswürdiges Erlebnis in der Notaufnahme vorhergesehen, hat Ashley mir ein Buch über irische Volksmedizin vor die Zimmertür gelegt. Ich lese darin von Dubliner Universitätsprofessoren, die *the cure* seit Jahren erforschen. Sie weisen darauf hin, dass Heilmittel oft an Menschen weitergegeben wurden, die benachteiligt waren: ein Kind, das nach dem Tod des Vaters geboren wurde, oder der siebte Sohn, der in der Erbfolge weit hinten steht. Die Gabe als Trost für widrige Lebensumstände und als Möglichkeit, trotzdem eine wichtige gesellschaftliche Stellung zu erlangen. Beweise für die Wirksamkeit der Heilmittel konnten die Wissenschaftler nicht feststellen. Sie führen die positiven Ergebnisse der Praktiken nur auf eine Art Placeboeffekt zurück, betonen aber dennoch ihren potenziellen Nutzen. Ist der Glaube stark genug, macht der Körper eine Genesung möglich, zumindest bei kleineren Beschwerden. Mit einem Trommelfellriss spiele ich aber wohl in einer anderen Leidensliga, und der zarte Keim des Glaubenwollens verdorrt sofort wieder, als ich zum Kapitel über Franziskanermönch Peter Bernard Magauran komme. Pater Magauran starb 1837 und wurde im Kreuzgang der Creevlea Abbey in Dromahair begraben. Vor seinem Tod hatte er dazu aufgerufen, die Erde seines Grabes als Heilmittel zu nutzen. Keine ungeschickte Methode, um an seiner eigenen Legende, vielleicht sogar an seiner Seligsprechung zu stricken. Bis zum heutigen Tag glauben Menschen jedenfalls, dass ein Teelöffel seiner Graberde für neun Tage unter das Kopfkissen gelegt jegliche Krankheit kuriert. Ein Foto im Buch zeigt Rosenkränze, kleine Marienstatuen, Topfblumen und Votivbildchen, die als Opfergaben auf Magaurans Begräbnisstätte abgelegt wurden. Der Grabplatte fehlt unten rechts ein großes quadratisches Stück, das eindeutig nicht abgebrochen, sondern sorgsam herausgeschnitten wurde, damit der Boden frei zugänglich ist. Daneben glänzen zwei silberne Löffel. Ein überaus umsichtiger Kundendienst. Ich ziehe das Grab des Schauspielers Oliver Reed trotzdem vor. Das liegt ganz in der Nähe seines Lieblingspubs in Churchtown. Fans und Freunde des für seine Alkoholexzesse berüchtigten Reed leeren zu seinem Gedenken regelmäßig ihre Guinnessgläser über der letzten Ruhestätte aus. Reeds Sohn Mark vermutet, dass deshalb auch keine Pflanzen mehr darauf wachsen. Kein Wunder, dass noch niemand auf die Idee kam, sich hier die volle Dosis irischer Heilerde zu holen, dabei würden die Lebensgeister durch einen feucht-fröhlichen Gang zum Friedhof bestimmt neu geweckt.

Als es an die Zimmertür klopft, fürchte ich einen Augenblick, dass die Freundin von Ashleys Schwester auch Hausbesuche macht, aber es ist Ashley selbst, die mit einer Schüssel Kamillentee vor mir steht. Ein Dampfbad für mein Ohr sei das Gebot der Stunde, das würde nichts schaden, selbst wenn ich tatsächlich einen Riss im Trommelfell haben sollte. Ashley zweifelt also an der ärztlichen Diagnose. Ich auch, zumindest ein bisschen. »Skepsis ist gesund«, lacht Ashley, »und ein Kamillendampfbad nun wahrlich keine Mutprobe.« Ich verschwinde mit dem Kopf unter einem Handtuch und höre Ashley zu, die mir von ihrem Leben in Belfast erzählt und wie es dazu kam, dass sie ein B & B führt. Als ich später schlafen gehe, schmerzt mein Ohr immer noch, aber ich bin dennoch froh, in Belfast zu sein. Nach dem Frühstück wiederholen wir die Dampfprozedur und spülen das Ohr anschließend mit ein wenig Salzwasser. Hätte Ashley dabei noch mit einem Kräuterbüschel gewedelt, Weihrauch verbrannt und etwas auf Gälisch gebrummelt, die irische Volksmedizin hätte eine weitere Anhängerin gefunden, denn der dumpfe Druck lässt nach und hören kann ich auch wieder besser. Das Taschentuch, mit dem ich die Ohrmuschel reinige, weist rotbraune Schmalzreste auf, kein Blut. Die Zeichen stehen auf Heilung, erreicht nur durch Beistand und Kümmern, ganz ohne Glauben und Zauber. »Dass du nicht an Wunder glaubst«, bemerkt Ashley, »heißt ja nicht, dass du nicht doch auf eines hoffst«, und drückt mir eine Visitenkarte von der Freundin ihrer Schwester in die Hand. Für alle Fälle.

Éirinn go brách!

Zwei Zentner Sehnsucht im Gefühlsgepäck

Wouldn't it be the beautiful thing now, if you were coming instead of going?, lautet ein traditioneller irischer Abschiedsgruß. Gar nicht erst fahren zu müssen, sondern noch einmal ankommen dürfen – dieser wehmütige Wunsch hockt uns bereits Tage vor der Abreise im Herzen. Jetzt aber gleitet unsere Fähre gemächlich aus dem Hafen. Irland wird immer kleiner, verschwindet im blassblauen Abendlicht. Wieder stehen wir an der Reling – die Geräusche, Gerüche und Farben der Küste im Kopf, eine Stimmung im Herzen und die Hoffnung, das alles bald wieder zu sehen.

Go bhfillead go hÉirinn go brách. – Möge ich für immer nach Irland zurückkehren.